與身體對話，
就是與神對話

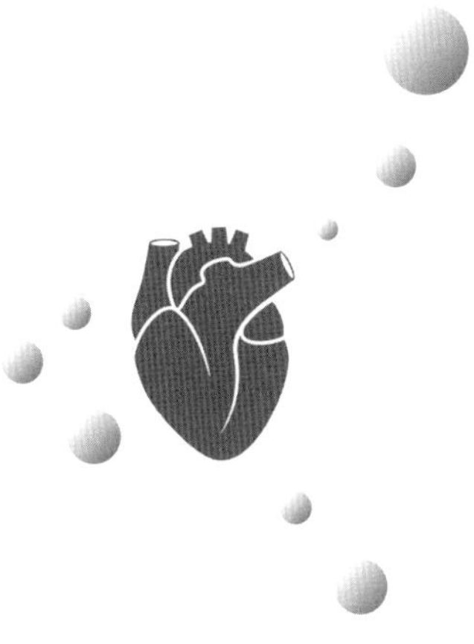

藤堂博美——著
龔婉如——譯

目錄

第2章 與器官對話，使潛意識升級

第3章　讓潛意識升級並實現願望

第4章　藉由「潛意識3.0」進入期望的平行世界

讀者感動推薦

♥在閱讀的同時，感覺也被療癒了。這本書讓我明白，相信自己的感覺是最重要的。想將這本書送給我愛的人。

♥這是既傳統又前衛的概念。我自己從事心理相關職業，非常推薦給所有醫療工作者。

♥讀了這本書之後，我變得比較不會勉強自己、比以前更愛自己了。讓我更愛自己的一本書。

♥這本書告訴我接受自己有多重要。無論做了多少努力，若是不能無條件地愛自己，也不會有任何成果。

♥書裡的例子有一些狀況跟我非常接近，讀的時候覺得心情輕鬆許多，好像自己也獲得改善。推薦給想要活出自我、想要對自己好一點的人。

♥非常有趣的一本書。書中介紹與器官對話的方法，都是不花錢就能輕鬆實踐的。

♥內容非常廣泛，相信不管是第一次閱讀這類書籍的人，或是經常接觸這個領域的人都會有收穫。

♥書中把身體與心理（潛意識）之間的關係，敘述得非常簡單易懂，而且原來這些都是任何人都辦得到的事。

♥以「潛意識與器官」的關係切入，之前我沒有看過這樣的觀點，覺得很有意思所以買了這本書。書裡介紹許多具體方法，沒有艱深的句子，用字遣詞簡單易懂，很容易就讀進去了。

序幕

「潛意識3.0」的關鍵在於器官

我們如何聽到「潛意識的聲音」？

「唉，好忙、好忙啊！我得好好工作才行！根本沒有時間休息。」

這天，我到常去的咖啡廳吃午餐，突然聽到了這樣的聲音。

但這個不經意進到我耳裡的聲音，並不是「人聲」。

轉過頭去，我看見一名男性正大聲地指示對面座位的女性該如何做事。

這名女性只是「默默地」低頭吃著手上的三明治。

剛才我聽到的吶喊，並不是出自這名女性的嘴，而是**來自「胃」這個器官**。

她的胃嘟囔著「沒有時間休息」，只是重複反射性的動作，源源不絕地將食物往口裡送，根本沒有心思細細品嘗。

接著，我又聽到了這樣的聲音：

「真是受夠了！我一定要把工作辭掉！但是……就算我想辭，也不可能真的辭掉吧。」

這個聲音同樣不是出自「人的聲音」。

這一句「就算我想辭，也不可能真的辭掉」，聽起來就像是從她忍住不吭聲的「喉嚨」發出來的。

我忍不住看向她的喉嚨，接著又看了看對面的男性。他仍滔滔不絕地叨念著。

「這裡的三明治那麼好吃，這樣胃好可憐。她的胃應該不太好吧。」我在心中這麼想，同時起身離開了咖啡廳。

其實，我可以聽見身體器官發出的吶喊。

工作以外的時間，我都會將這個開關關起來。有時忘記關，這樣的聲音就會進到我的耳朵裡。

其實，器官發出的吶喊，就是這個人潛意識裡傳遞出來的訊息。

人體內的器官會反映出潛意識裡的「偏見」。

如果潛意識裡有「我一定要拚命工作，不能休息」的偏見，就會給胃帶來過度的負擔，因此胃就會將想傳達的訊息吶喊出來。

而如果潛意識裡存在著「反正不管我說什麼都無法獲得肯定」這樣的偏見，喉嚨就會因為累積過多壓力而發出訊息。

如果我們能接收器官發出的訊息並與之對話，就能使潛意識升級。

潛意識升級之後，如果內心真正的想法與偏見之間有落差，偏見就能獲得微幅調整。這麼一來，原本存在心裡的焦躁感，或是活得很辛苦的感覺就會消失無蹤，讓我們重新找回自己。

這樣的限制消失之後，還能讓人**發揮新的能力，獲得想要的幸福與成功，使心靈更加豐富。**

嶄新的人生全面升級法！潛意識運用進入全新時代

以往的潛意識運用法，大都著眼於腦部功能，或是從身體反應解讀潛意識。隨著科學的進步，許多過去不為人知的人體奧祕，逐漸在這幾年獲得新的答案，潛意識的運用方法也面臨轉換期。

這個轉換，指的就是「傾聽器官的聲音」，使潛意識升級。這種**提升潛意識的方法，也就是本書介紹的「潛意識3.0」**。

本書將聚焦於腦部功能的方法，稱為「潛意識1.0」；從身體反應解讀潛意識的方法，稱為「潛意識2.0」；而本書即將介紹的從器官解讀潛意識的方法，稱為「潛意識3.0」。

相信各位一定可以在本書中獲得許多最新資訊，顛覆過去對潛意識的概念。

透過3D視角觀看體內器官

簡單介紹一下我的資歷。近年來我以「潛意識專家」身分從事各項活動，具有十年以上的講師及私人課程經驗。

從小我就具備特殊能力，可以「感覺」到一般人看不見的東西。

小時候我常加入大人的談話，還會幫大人說出潛意識裡想說卻說不出口的話。

我曾經對著媽媽的朋友說：「阿姨，雖然你一直笑咪咪的，但其實在生氣對不對？為什麼要假裝笑咪咪呢？而且，今天早上你是不是跟家裡的人吵架了？」

這樣的事情經常發生，每次都因此被媽媽罵。

雖然媽媽知道我有這種特殊能力，但我也慢慢學會「原來很多事情不能說出來」。

於是我在成長過程中，將這種能力封印起來。短大畢業、到公司上班一段時間後，我決定成為律師，但出社會後存的錢根本不夠用，每個學期都為了學費而煩惱，不得不半工半讀。曾經最多同時打三份工，就這樣念完了大學並進入研究所。

研究所還沒畢業，我的母親就突然過世了。過世的半年前，她曾做過健康檢查，沒有任何異樣，所以我實在無法接受她就這麼走了。畢業後，我終究沒有成為律師，選擇到美國學習潛意識與身體之間的關聯。

在美國求學期間，我每天反覆練習如何以超感官知覺傾聽我的身體，並提升傾聽的能力。本來我只能感覺到器官，後來變得能夠「看見」器官。回到日本後，我開始授課，將「器官與潛意識的關係」傳授給許多人。

到現在，我已經習慣與器官對話，所以進化到可以用3D視角看見器官的程度。

科學證實器官確實會發出訊息

目前坊間有許多「開發」或「活化」潛意識的方法，但肉眼看不見潛意識，所以很難判斷這些方法究竟是從哪裡、對什麼東西產生影響。這樣的曖昧不明給人一種「潛意識很難」的錯覺。

此外，大多數人都認為影響潛意識最重要的器官是腦，但實際上並不局限於腦，體內的各個器官都非常重要。最新的科學研究也不斷證明這一點。

最近日本ＮＨＫ播出的人體特輯也介紹過相關內容。研究證實骨骼與脂肪細胞也能傳遞訊息給腦，不同器官之間還會進行對話。

也就是說，與潛意識相關的重要器官「並不只有腦」。

許多人都知道善用潛意識能過得更好，卻總是無法順利進行。正在閱讀此書的你，是否也有過類似的失敗經驗呢？

如果你也希望將潛意識運用到極致、活得更自在、人生如你所願，就應該更重視自己體內的器官。

如此一來，器官就會向你發出各種訊息。

忽略心臟、肺臟、胃、肝、眼睛等器官發出的潛意識訊息，除了會感到身體不適，你的人際關係、工作、金錢等人生中的各個層面都會受到影響。

傾聽器官的聲音，不但能預防疾病發生，還能將潛藏於體內真正的聲音及潛在能力順利表現、發揮出來，人生當然就能因此改變。

正向思考使潛意識封閉

前面提到的潛意識3.0，就是一種透過與器官對話而提升潛意識的方法。

這個方法不同於坊間的潛能開發，只教人單純將各種念頭轉為正向思考。

趁這個機會我就直說了。坊間那些教人要「有所改變」的潛能開發法，只會製造更多「無法改變自己的人」。實在太諷刺了。

「這樣的想法太負面，要轉念為正面想法」，這種方法只會讓人否定自我，產生「現在的我真的很糟，不改變不行！」的想法。

然後，「我真的很糟」的意識就會更根深柢固存在於潛意識裡。

在這樣的狀況下，越是想改變，越會得到反效果。不但無法消除痛苦的感覺，甚至背離了真正的自己與真正的想法，反倒不知如何是好。

其實只要覺察心裡真正的想法與偏見之間的落差，並進行微幅調整就可以了。

前文中所謂的升級，也就是微幅調整。

因此，重要的不是改變，而是**升級**。

那麼要如何升級呢？答案就在覺察器官發出的潛意識訊息。

順利升級之後，你會發現夢想中的未來已自動展開。

你的體內正響起樂曲！

讀到這裡，不知道各位是否有這樣的想法：

「我的器官正在發出訊號嗎？」

「到底會發出什麼樣的訊息？好像很有趣耶。」

如果你已經這麼想，就必須知道以下這件事。

你的心臟已經響起樂曲，聽到這個信號之後，肺也開始和音，接著骨頭、腎臟、肌肉也開始哼起歌來，大家都開心得蠢蠢欲動！

事實上，當你「意識」到體內器官時，就已經同時和它們取得了聯繫。

在這之前，器官已經對你發出許多訊號，只是你都已讀不回。

所有器官引頸期盼，不知道你何時才會讀到這些訊息，就像暗戀某人卻遲遲等不到回應。

正因為它們等了這麼久，因此得到回覆時就顯得格外開心。

本書將為大家介紹各種與器官對話、使潛意識升級的方法。以下簡單介紹各章內容。

第一章：介紹所有器官都在傳遞潛意識的偏見訊息、為什麼有些人活得很辛苦、讓偏見升級的方法，還有器官出乎意料的能力與對話的詳細內容、如何透過與器官對話來開啟感受等。

第二章：以具體的例子介紹各個器官的潛意識偏見。各位可以依據自己的身體需求跳著讀，可以讀到各種超乎想像的訊息，以及器官對我們滿溢的愛。另外還會介紹簡單的自我照護方法，任何人都能輕鬆實行。

第三章：教大家用日常生活中的簡單方法強化升級後的潛意識，使其更加穩固，包括讓尚未消化的情緒轉淡、實現願望、增進與潛意識之間感情的方法等各種祕訣。

第四章：學會如何自由選擇未來、簡單易懂的潛意識運用方法，還有一些小故事，讓各位了解潛意識升級不但對自己有幫助，甚至會影響家人、整個世界，還有地球。

讀完本書後，相信你的器官就會獲得升級，使你的潛意識產生飛躍式的提升。各項訊息已經開始取得聯繫。

邀請各位和你的器官一起往下閱讀。

第 1 章

／

傾聽器官的聲音，讓人生升級的「潛意識 3.0」

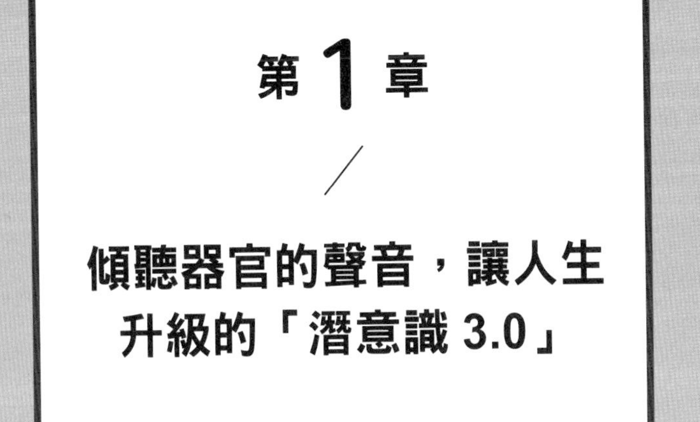

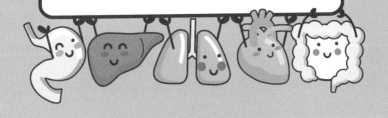

器官透過聲音和顏色表現悲傷

從事這份工作後不久，有次和朋友一起喝咖啡時，我聽到了這樣的聲音。

「我得一個人好好努力。」

聽到這個聲音，我不禁抬起頭來，朋友納悶地看著我。

我以為這句話是朋友說的，但看來似乎不是。

「沒事。」

在我這麼說的同時，又聽到了同樣一句話。

「我得一個人好好努力。」

我很想知道到底是誰說出這句話，便試著打開意識的開關，並集中精神。

這個聲音似乎是朋友的肩膀發出來的，**我在她的肩膀附近聽到一陣用指甲刮玻璃般刺耳的聲音。**

「原來是她的肩部骨骼和肌肉發出來的聲音！」

感應到這件事之後，我再將意識集中在她的肩膀附近。

這次，我聽到另一個來自肺部的聲音說：「沒人了解我。」同時伴隨著吱吱的尖銳聲響。

以我對她的了解，她是個不輕易示弱的人。

我在心裡盤算著怎麼做才好，盯著蛋糕旁的叉子看了好一會，決定開口。

「那個，我覺得你不用太努力，沒關係的。」

朋友放下咖啡杯，驚訝地看著我。

「其實，是你的肩膀……你的肩膀告訴我的喔。它說它覺得必須一個人好好努力。」

「你為什麼會知道呢？」朋友問。

「為什麼喔……就是你的肩膀說的啊（笑），而且你的肺部聽起來也很悲傷，哭訴沒人了解它喔。」

看著她困惑的表情，這時，我感覺到**她的肺部被一種帶著灰的顏色包圍**。

「你是不是一個人揹負太多壓力？有跟先生聊過嗎？」

「真的是什麼都瞞不了你耶。我沒有告訴過任何人，願意聽我說嗎？」

朋友說她很想和先生討論孩子的事，但先生老是說自己很累，表現出一副不耐煩的樣子，所以總是不了了之。

朋友這麼說的同時，我感覺到她的肩部骨骼似乎希望我告訴她，不要一個人全攬在身上，要請身邊的人幫忙一起分擔。

我向朋友轉達這個訊息，她低垂著眼說：「我也想這麼做，但就是沒辦法。」

那一瞬間，她的肺部看起來更灰了。

反正說了也沒人會聽。那種悲傷無奈的感受，彷彿從肺部不斷湧現出來。

我調整了一下呼吸，問她為什麼一個人承擔這麼多事。

朋友加重語氣說，從小父母就教導她「凡事要靠自己，將來才會順利」。

我說：「你父母一定為你感到驕傲。」

朋友壓低著聲音說：「我不知道他們是不是為我感到驕傲，因為他們很凶，幾乎不稱讚我。」

「凡事不靠別人確實很不簡單，但一個人承擔實在太辛苦了，偶爾也要試著請人幫忙呀。這不是我說的喔，是你的肩膀要我告訴你的，我只是幫忙轉達而已（笑）。」

潛意識升級的瞬間，到底發生了什麼事？

這時，朋友突然大叫了一聲：「啊！」

「原來是這樣……我一直希望自己什麼都會，一直那麼努力，或許就是想要獲得父母的認同吧。仔細回想了一下，我學會任何事情都會去告訴爸爸媽媽，不管是多麼小的事。我爸老是板著一張臉，但知道我學會什麼之後，就會喝一點小酒，看起來滿開心的樣子。原來我一直到現在都還這麼想，一直希望獲得老公的肯定（笑）。但我不想這樣了，我希望自己可以誠實說出需要人幫忙！這樣我一定會比較輕鬆，對吧？」

當她「啊！」地叫出聲時，肩膀附近那種指甲刮過玻璃的聲音，**突然變成了非常和諧的小提琴音色**。

不僅如此，本來帶著灰色的肺，也在那個尖銳聲響消失的瞬間，開始泛出淡淡的粉紅色。

當我們的潛意識升級之後，器官呈現的音色及顏色，就會在一瞬間突然改變。這就是升級的瞬間。

經歷這個升級的瞬間，朋友彷彿鬆了一口氣，開心地說：「今天我會試著告訴老公，希望他能多幫我一些。心情好多了，謝謝你！」

這時，朋友肩膀附近的骨骼也低聲說著：「終於懂了。」看似鬆了一口氣。

隔天，我收到朋友的訊息，打開訊息前我好緊張。

朋友說，昨天晚上她將心裡一直以來的想法告訴先生，才知道原來先生很久之前就想幫忙，只是沒有說出口。

她告訴我：「原來只是開口請人幫忙，心情就會變得這麼輕鬆，實在太出乎意料了！」

看著她傳來的訊息，我一邊將意識集中在她的肩膀與肺臟，在心裡說了聲：「謝謝。」

這時，我聽到上方傳來一個聲音，說：「想不到你也挺有辦法的嘛！」

我想朋友的器官應該覺得我還算及格吧（笑）。

人體彷彿管弦樂團！每個器官各司其職，演奏不同音色

前面提到，肩膀附近會發出刮玻璃般尖銳的聲音。每一次我與器官對話的時候，都一定會聆聽它們發出的聲音。

每個器官都會發出不同的聲音（振動）。

用樂器比喻的話，肝就是低音提琴，肺是豎琴，腎是長笛，骨骼是小提琴，

大概是這樣。

人體演奏音樂時，每個器官都各司其職，擔任不同的樂器。**整個人體就像管弦樂團一樣**。

我是到後來才知道，原來自己是以語言或訊息的方式接收器官發出的聲音（振動）。

與器官對話的過程中，我還發現一件事，那就是**只要全身取得平衡，管弦樂團的演出聽起來甚至會像帶著合音一般**。

持續不斷有科學證明這件事。

科學期刊《Water Journal》就指出，人體的細胞會發出聲音，而**健康的細胞演變成癌細胞之後，會發出不協調的聲音**。

此外，加州大學洛杉磯分校的詹姆斯・金塞斯基（James Gimzewski）教授和安德魯・培林（Andrew Pelling）博士透過原子力顯微鏡觀察後發現，細胞會發出聲音，且都**落在人耳可以聽見的全音域之中**。

在管弦樂團裡，缺了任何一種樂器都無法順利演奏。

人體的管弦樂團也一樣，任何一個器官都非常重要，沒有優劣之分。器官之間必須有默契地搭配演奏，才能呈現美好的人生樂曲。**這也是每個人獨一無二的樂曲**。

每一樣器官都具有獨特性，卻能取得如此的和諧，看著總會讓我不禁感嘆，並從中學習到人與世界的生存之道。

所有細胞和器官都有潛意識

前面提到，不論是我與朋友的肩膀骨骼和肺臟之間的對話，或是這些器官告訴我的事情，都呈現出朋友內心所想的內容。

為什麼器官知道她在想什麼呢？

其實，**身體裡的每一個細胞、每一個器官都有「意識」，同時也有「潛意識」**。

而人，就是由器官整體的意識與潛意識形成的。

這裡的潛意識，指的是每個人「無意識中相信的事」。

不是自己想要相信的事或希望實現的願望，而是「深信不疑」的事，我稱之為「偏見」。

也就是說，出現在你眼前的現實，都反映了你深信不疑的偏見。

例如「女性（或男性）就應該這樣」「結婚就是這麼一回事」「工作就一定是這樣」「家人就該如此」「談戀愛時就應該這麼做」等。

我們在家庭、學校或社會等大框架之中，**感受各種不同事物，反覆思考後產生「確信」，久而久之就轉換成「自己心中的規則」，也就是「偏見」**。

眼前看到的不一定是現實，只有自己相信的事對我們來說才是現實，**這樣的偏見就是潛意識，將會決定你的人生怎麼走**。

每一個器官都有潛意識。

聽到偏見，有些人會覺得是負面或不好的事，以為必須卸除所有偏見才行。

但我可以斬釘截鐵地說：事實並非如此。

對我們來說，所有的偏見都有用處，只是我們沒有發現罷了。**偏見會在人生**

的某些場合中派上用場，並保護我們。

就好像一棵樹來自一顆「種子」，種子會「發芽」，並逐漸成長成一棵「大樹」。

若以這棵樹比喻偏見，我們從小不斷接收來自父母、學校老師及社會的各種語言訊息，最後會在心中轉化為確信，而這些確信就是「偏見的種子」。

接著，這些偏見會創造現實，並引來預期中的現象。就像種子「發芽」一樣，冒出的芽慢慢成長，逐漸長成「大樹」這個現實。

一個人如果從小就常聽父母說「結婚很辛苦」這類的話，就會在心中種下「結婚很辛苦」的「偏見種子」。

潛意識的偏見會成為現實，沒有一絲一毫誤差。

接著，這個人就更容易在人生的各種場景之中遇到婚後過得很辛苦的人，或是婚後看起來不幸福的人。

於是這個人就會想：「看吧，我就知道！結婚也只會過得很辛苦吧。」並更加確信自己一直以來的想法會變成現實。到這裡是「發芽」的階段。

就算之後交了男女朋友，也可能會因為這個偏見而遲遲無法下定決心踏入婚姻，甚至因此對戀愛提不起興趣。

因為「結婚很辛苦」的偏見會成為踏入婚姻的煞車，使我們無法對戀愛抱持正面的好印象。這就相當於成長為「大樹」的階段。

許多人會在「大樹」的階段感受到各種問題，覺得活得很辛苦。

了解爲什麼活得很辛苦，就能了解自我

仔細觀察會發現，這樣的大樹有兩個不同層面。

如果你認為「想要專心工作，再拚一陣子」，這棵大樹就會成為乘涼遮陽的樹。

但如果你發現其實自己心裡想的是「比起投入工作，和所愛的人共度未來更重要」，那麼這棵樹不但無法幫你遮陽，甚至會在前方擋住你的去路。

也就是說，這棵樹可以是乘涼的樹，也可以是擋路的樹。

這也證明了我們在成長過程中探索自我，並開始誠實面對自己真正的想法。來找我諮詢戀愛或婚姻問題的學員之中，這樣的人其實占大多數。

許多人以前抱著「結婚很辛苦」的偏見，沒想到反而成為專心工作的助力。

但是在「不希望活得這麼痛苦，想要活出自我」的念頭萌芽後，我們會發現其實自己心裡想的是「希望可以和喜歡的人共度未來」。這時，本來對我們有幫助的「結婚很辛苦」的偏見就會變成絆腳石。

也就是說，以前自己總是無意識地迎合父母或社會，但這些想法慢慢開始產生了「怪怪的」「心裡不踏實」的感覺。

這就是我們覺得活得很辛苦的原因。

若想消除活得很辛苦的感覺並找回自我，就必須覺察內心真正所想和偏見之間有多大的落差，並使自己的潛意識升級。

我的許多學員都因此順利消除了過去那種「活得很辛苦」的想法，找回真正的自己，感受到生存的喜悅。

器官能在第一時間覺察「內心眞正所想」和「偏見」之間的落差

了解為什麼會覺得活得很辛苦之後，我想以自己的親身經驗為例，讓大家看看偏見和內心真正所想產生落差的話，會是什麼樣子。

小時候我不太喜歡和女孩子玩，比較喜歡到山上探索，在廣場或公園和男孩子一起玩。媽媽非常擔心，總是告訴我：「不要這樣撒野，要更像女孩子一點。」媽媽會為我準備荷葉邊的上衣，看到我穿就會很開心。當時我想：「我要實現媽媽的夢想，要乖一點、文靜一點。」從那一瞬間開始，我的心裡便種下「偏見的種子」。

這顆偏見的種子發芽之後不斷成長。慢慢地，我越來越文靜了，也懂得壓抑情緒。回過頭來我才發現，無形中我逐漸在意別人的想法，忽略了自己真正的感受。

這樣的偏見在職場上對我非常有幫助。因為我行事低調，總是先考慮別人，主管和部門同事都很疼我。

但談戀愛的時候，卻常常因為偏見（當然也可能有其他原因啦）而把對方放在優先位置，最重要的事卻說不出口，**讓自己心裡不舒坦，因此談戀愛總是不順利**。

「女孩子就應該文靜一點」的偏見長成一棵大樹，彷彿張開雙手擋在我的前方，變成人生中的煞車。

現在回想起來，「心裡不舒坦」的情緒都是在日常生活中不經意冒出來，所以只要思緒被其他事情吸引，這種感覺就會馬上消失，但之後又會因為某些原因突然湧出來。

我以前不覺得這種感受有什麼問題，但體內的器官似乎不這麼覺得。器官很早就能夠覺察細微的「不舒坦情緒」或是「總覺得哪裡不對勁」，並對我們傳送訊息。

只要覺察器官發出的訊號，就能使潛意識升級

以我自己為例，「我得文靜一些才行（壓抑自己的情緒）」這種格格不入的感覺，就會被「喉嚨」發現。

或許是因為這樣，從小我的喉嚨就不好，常常腫脹並引發輕微發燒。原來這些症狀就是在告訴我：「這樣的偏見跟你真正的想法之間有落差喔，你是不是壓抑了真正的想法？」

我的喉嚨讓我知道，我必須在「我想說出真正的情緒」的真心話和「我得文靜一些才行」的偏見之間，進行微幅調整。

而因為偏見升級了，我的喉嚨再也不腫脹，也不會輕微發燒了。

這讓我非常驚訝，不得不感謝器官讓我覺察這件事。

相信各位的器官也正努力想讓你知道，你的偏見與真心話之間有多大的差距，只是你還沒有發現而已。

有些偏見雖然總讓人覺得格格不入，但好像也就這樣過了。體內的器官正努力而具體地將這種感覺傳遞給我們。

只要靜下心來仔細聆聽，進而覺察，偏見就能升級。這裡的升級指的不是大幅改變，而是些微的調整。

因為身體是整體運作的，當器官發出的偏見獲得升級後，整個身體的頻率（振動數）就會自動調節。

這會為我們的心情和行動帶來改變，為停滯不前的人生帶來新的動向與流動。

充分運用潛意識3.0，消除活得很辛苦的念頭，就是最先進的「活出自我」方法。

不要再強迫自己改變潛意識了！

進入下一個主題之前，先說明一下所有器官的「共同願望」及「懇求」。

很多人會刻意營造不得不持續動作的狀況，來**強制改變潛意識的偏見，藉此轉換人生的方向**。我將這些人統稱為「修行派」。

其實潛意識非常喜歡維持現狀，所以我們常常會聽到「總覺得提不起勁」這樣的話。這句話其實某程度上來說是點出事實。

但是否真的要運用強制的方法，人生才會有所改變呢？

其實，以前的我也是修行派。

因為我從小一直覺得「一定要認真努力」，有段時間甚至為了工作而搞壞身體。

當時我以為努力就能得到他人認可，獲得好評就能提高自我評價。換句話說，

這種偏見當中彷彿還帶著「獲得認可、獲得好評」這樣的「寶物」。結果進公司的第一天我就加班，就這樣過著每天工作到很晚、假日也要加班的生活，還覺得理所當然。

某天一位前輩同事打電話進公司，說他發燒到將近三十九度，要請假一天。結果接電話的女主管說：「將近三十九度？那就快去醫院打點滴啊，打完就進公司！」說完後還用力掛上電話。那一瞬間，整個樓層的空氣彷彿凍結住。

體會到這樣的辦公室氣氛之後，我心想：「以後我就算發燒也不能請假，不然一定會被這個人罵死……」

從小我就沒生過什麼大病，卻常因為不明原因身體不適，還常常發燒。除了體質問題，搭電車通勤時也常不舒服，每次都得中途趕緊下車，在月臺上休息。所以每天上班都要提早三個小時出門，以避免途中需要下車休息。

雖然我滿腦子想著「絕對不能請假」，身體卻騙不了人。

現在回想起來，**我發現身體不舒服之前，每次都會先胃痛**。

吃了藥之後，胃就不痛了，但不久後就會開始劇痛，最後甚至會痛到直不起身。

胃這個器官不停對我傳遞「這樣太拚了，快休息」的訊號，我卻一直裝作沒這回事。

即使身體不斷哀號，我卻聽不見這個聲音——**或許不是聽不見，而是裝作沒聽見**。

雖然最後我還是把工作辭了，但心底某個角落卻鬆了一口氣。原來**我的身體藉由搞壞身體、動彈不得的狀況，以「強迫關機」的型態讓自己轉換到另一個方向**。

我個人非常不推薦這種修行派的做法。

既然體內的器官已經點出我們內心的偏見，**就應該相信器官說的話，全盤信任並順勢進行升級吧**。

讀到這裡，相信各位的器官都忍不住發出「沒錯、沒錯！」的贊同聲。

器官具有意識，也有記憶能力

與器官對話了這麼多年，有一件事我非常確定，那就是**器官具有意識，也有記憶能力**。

潛意識裡有那麼多偏見，器官卻能明確告訴我們哪些偏見必須進行微調，是因為**器官可以記住我們的想法和情緒**。

關於這件事，全球知名的細胞生物學家布魯斯．立普頓（Bruce H. Lipton）博士，在《信念的力量：基因以外的生命奧祕》也提過。他認為細胞具備意識與意圖，可以學習並保持細胞記憶。

如果真如立普頓博士所言，那麼器官是細胞集合體，當然具有意識。

例如當我們面對討厭的主管、氣到爆青筋時，肝臟就會接收到這股憤怒；如果在外表現得非常樂觀，但其實默默忍受各種寂寞或失去至親的悲傷與後悔，肺就會記住這些感覺。

當我們產生「都是我不好」的自責與罪惡感時，肺、皮膚、子宮會接收這些情緒。

受傷或發生意外時，骨骼、肌肉和皮膚會記住當時的震撼感受，不管過多久都不會忘記。

被愛的喜悅、心與心相通的感動、對自己或他人的體諒之情、滿溢的感謝，都會跟著血液，從心臟流到全身每一個角落。在我看來，這就好像整個身體共同演奏著喜悅的和弦。

我們不輕易展現的率真情緒，以及腦中盤旋千百遍而深信不疑的偏見，**器官都會記住**。

器官會將各種情緒與保存良好的數據進行比對，如果和我們真正的想法有落差，就會在第一時間產生格格不入的感覺。

器官對我們的了解遠遠超乎我們的想像，甚至比我們更了解自己，什麼事都瞞不了它們。

學員來找我諮詢時，我就像是透過與器官之間的對話，一頁一頁翻閱著他們的「生命相簿」。

潛意識裡的偏見獲得升級之後，器官的顏色就會跟著改變，原本相簿裡褐色調的相片也變得繽紛多彩。所有的一切，器官都看在眼底。就算我們忘記，這些記憶卻都還存在著。

爲什麼許多人長大後還是無法自我肯定？

你的器官有多愛你？我想和各位多分享一些。

因為我在寫這本書的時候，最愛瞎操心的胃又開始擔心，之前的說明**能不能確實將各個器官的功能和真正的想法傳達給讀者**。

體內的器官不分日夜、辛勤地工作，彷彿是一件理所當然的事。

「為什麼我是單眼皮？」「好想擁有那樣的模特兒身材！我不要這些肥肉！」

「就是想擁有肌肉型的身材！」

這些聲音，器官當然都聽見了，**但就算我們再怎麼嫌棄自己的身體、再怎麼口出惡言，身體卻絕不會討厭我們**。即使我們忘記為器官著想，器官也絕不會鬧彆扭，會一直站在我們這一邊。

但當我們抱怨自己的身體時，**器官會接收這些語言的能量（振動），並自動將「我討厭自己」的偏見種子種在各個器官之中**。

我們總會與他人比較，只看到自己不如人的地方，最大的原因是從小父母或學校就教導我們「做不到更要努力學到會」，所以我們才會將注意力都放在不足的地方（不會的地方），而看不到自己做得很好的地方。

大多數人之所以會在心底埋下「我做不到」和「不努力不行」這種偏見的種子，是因為「我必須和別人一樣」的偏見已經變成強大的咒語，甚至成為影響多數人的「集體意識」。

偏見的種子發芽後，會長成高大的樹。

這就是為什麼許多人長大成人之後的自我評價很低，無法培育對自我的肯定，因此感覺活得很辛苦。

「我不喜歡單眼皮」的想法本身只是單純陳述心情，並沒有大礙。

但如果因為單眼皮而不喜歡眼睛這個器官，對於努力為我們服務的眼睛來說，是一大打擊。

從另一個角度來看又如何呢？**如果能注意到任何一個小細節，並且稱讚自己的器官**，像是「眼球的顏色看起來很棒」「視力很好」，**我們的眼睛就會更加賣力了**。

器官對我們的 LOVE 永不止息！

不好意思，有點離題了。

用情很深的心臟剛剛清了清喉嚨，代替瞎操心的胃，催促我快點繼續往下講，所以再將主題拉回來。

不管我們再怎麼討厭它們、再怎麼口出惡言，所有器官都不會對我們棄之不顧。

即使器官那麼為我們著想，我們卻總是把焦點放在「這裡怪怪的」「這裡好痛」這類身體不舒服的感覺。

就算遭受這樣的對待，當器官好不容易得到我們的青睞，還是會開心得不得了。其中也有些總是埋頭拚命工作、不太喜歡表達的器官，一聽到「快給我好起來！」這種重話就會鬧彆扭。但不知道為什麼，器官每天這麼賣力為我們服務，卻一直得不到掌聲。

如果將人體比喻成一家公司，這無疑是黑心企業。

「我每天那麼認真工作，卻無法獲得認同！」

這樣的心情，自我肯定根本是零，甚至低於零，而且還要二十四小時全年無休工作！「無休＆無給」不停工作，環境這麼惡劣，任誰都想換工作吧。

但器官了不起的地方就在於堅忍不拔，即使如此仍不會輕易放棄。

它們對身體的愛實在太強烈了，不但不會想要辭職換工作，甚至一直為我們

賣命到最後一刻。

如此愛到深處無怨尤的樣子，是多麼勇敢堅毅啊！實在令人感動涕零。

器官對我們的LOVE是永不止息的。

如果愛與堅毅可以列入奧運項目，身體器官一定穩拿金牌。

愛說話的器官①
喃喃自語互通有無，隨時保持業務聯繫

現在你的胃和心臟都已經冷靜下來，看來也放心不少。接著讓我向各位介紹器官如何傳遞訊息給我們。

首先要知道，器官之間會互相溝通。

這裡說的溝通，指的是「喃喃自語」和「業務往來的聯繫」。

這些都是只有各個器官彼此之間才懂的事，也就是意識，不同於潛意識偏見

的訊息。

仔細聽過器官之間的對話，我發現這些喃喃自語和業務往來的聯繫，很像社交通訊軟體「推特」的推文、推主／追隨者之間的關係。

例如某天膀胱發了一篇「實在坐立難安啊！」的推文。

追隨者胰臟看到了這則推文，跟著發了這樣的推文：「真想回到過去那段時光啊！」

接著膀胱馬上就在胰臟的推文下面留言：「不要一直想著過去，未來比較重要喔。」

又過了幾天，心臟發文抱怨：「我好累喔。」心臟平常就很照顧大家，有很多追隨者，所以這則推文馬上就傳了開來，腎臟和其他器官，甚至連血管都看到了。「這可不得了！我們要多幫他一些。」於是大家都在自己的崗位上更加賣力工作。

看著器官之間這樣的溝通，會覺得人體根本就是網路世界。

愛說話的器官②潛意識的偏見會傳到我們這邊

器官之間除了會互相溝通，還會發出潛意識的偏見訊息。

這些訊息就像DM（直投廣告）一樣，只發給身體的主人，也就是我們。

有些第一次來找我的學員，他們的肺輕柔地告訴我：「這個人非常悲傷，卻總是強忍不說。」

我將這個訊息轉述給學員，但當事人都會說：「我嗎？我沒有強忍啊。我很好啊！」

當時這個學員可能是急著要找到新工作，所以不覺得肺的這個訊息跟目前的自己有什麼關係。但聽他敘述完工作的事情後，當下我還是用學員聽得懂的方式，將一些訊息傳達給他的肺。

不久後，這個學員回來接受下一次諮詢，開心地告訴我說順利找到新工作了。但**我卻從他的肺感受到一股壓迫感，還伴隨著吱吱尖銳的聲響**。

他的肺告訴我：「快叫他不要再忍了！」激動的程度和上一次判若兩人（肺）。

我將這件事轉述給學員，沒想到他居然說感覺到肺和呼吸似乎怪怪的，所以才來找我。

於是我將肺的訊息轉述給他聽。

「上次來的時候我真的完全沒有注意到，而且以前也從來沒有什麼病痛。但最近我感覺呼吸時怪怪的，就想該不會和上次你告訴我的那些話有關係吧。雖然我沒什麼感覺，但或許我真的一直在忍耐。」

之後我試著與他的肺對話，一邊幫助他將潛意識的偏見升級。諮詢結束後，學員回家前，呼吸似乎獲得了改善。

就像這個學員的例子一樣，許多器官在剛開始時都是小小聲地想讓我們覺察到這些偏見。

如果我們還是聽不進去，迫於無奈，它們就會採取最終手段，也就是發出吶喊或控訴。

在身體感覺不適前就接收到訊息

「吶喊」和「控訴」階段，就是身體感到不適。

這些不舒服並不是器官造成的。**是因為你不盡快處理器官傳遞的訊息，器官才改用這種會讓你覺察到（靠身體去感覺）的傳達方式。**

剛開始我以為「生病＝想法的落差」。

但隨著對話的經驗越來越多，我才知道在不明原因感到身體不適之前，**器官就會「察覺潛意識偏見與內心真正的想法之間是有落差的」，開始想辦法讓我們進行微幅調整。**

有時學員還沒出現具體症狀之前，我就接收到器官發出的潛意識偏見，並將這些訊息傳遞給當事人，他們聽了都非常驚訝。

也就是說，**真正的想法和潛意識偏見之間產生落差，並以身體不適的方式表現出來之前，會有一段時間差，所以當事人並不會覺察**。

因此，只要仔細聆聽器官傳達的潛意識偏見訊息，就能預防身體不適。

爲什麼只是繼續往下閱讀，就能讓潛意識升級？

前文已經提到如何覺察內心真正的想法與潛意識偏見之間的落差、如何使潛意識升級，有兩個方法，如下：

①集中注意力

②覺察

許多人太容易受到周遭的事物影響，意識無法專注於某件事情，也因此無法聚焦「意識焦點」。

一般人都認為做決定非常重要，那是因為決定某件事情之後，意識的焦點就能集中，使原本曖昧不清的狀態變得確定，進而產生行動，並對現實帶來影響。

例如，很多人心裡都會想：「希望獲得幸福。」卻沒有人下決定：「我一定會幸福。」

或許大家沒有注意到，在你想著「希望獲得幸福」的意識之中，其實存在著「我可能不會幸福」的疑慮。**所以「我一定會幸福」這個意識就會漫無目標地漂浮在宇宙之中，不知道往哪裡去才好。**

一聊到這個話題，通常耳朵就會開始假裝聽不見。耳朵有一個專長，聽到不想聽的事情時，就會假裝聽不見（笑）。

除了幸福這件事之外，事實上很多人都是「決定不做決定」。當然這裡說的

是「無意識之中」。

糟糕了，你的耳朵現在緊閉了起來，表示：「我不想聽這些！」所以我們加快腳步，講快一點。

如果你決定過一個不好也不壞、風平浪靜而安全穩定的人生，那麼「決定不做決定」就是有效果的。

但這樣的人生久了會覺得好像少了什麼東西，不知道自己到底想做什麼，越來越不懂自己。

而且也會因為找不到生存的意義，所以雖然食衣住行無虞，卻老是覺得活得很辛苦，產生人生無趣的感覺。

說到這裡，你的耳朵還在聽嗎？

接下來有個好消息，請大家放心。

就算你感覺自己遲遲下不了決定，還是有方法能讓你更容易集中意識，那就是**將意識集中在器官上**。

就算沒有學過解剖學，相信大家也知道每個器官大概的位置吧。

如果現在聽到「請將意識集中在腦部」或「接下來換肝臟……」這樣的指令，各位應該可以很自然地將意識集中在各個器官上。

器官就是這樣直接與我們的身體連結，任何人都能輕易將意識集中在某個器官上。相較於「決定自己將來會獲得幸福」，將意識指向自己的內在，是更為容易的。

一般人會不經意將意識指向外在，不過只要繼續閱讀本書，就能輕鬆將這些意識的箭頭指向「自己的器官」。

一旦將意識放在器官上，潛意識升級的能力就會開始作用。

這時請別忘了一件事，那就是對全年無休的器官表達感謝之意。

在恍然大悟的那一瞬間發生變化

閱讀第二章的個案分享時，各位會發現某幾個段落讓你產生「恍然大悟」的共鳴。

這種恍然大悟的瞬間並不是來自大腦的理解，而是**自然發生的行為**。

「沒錯，我就是這樣！」這種感覺其實就是與潛意識領域同步的狀態。**我經常目睹許多學員的器官顏色和聲音在這一瞬間發生變化**。

而且不同學員會產生不同的顏色或聲音變化。

我曾看過某位學員的喉嚨本來黯淡無光，突然散發出明亮的顏色，恢復原本的光芒。

另一位學員的肝本來有一小塊看起來很暗沉，突然恢復紅色的輪廓與顏色，並有藍色的光芒照進他的雙眼。

也曾遇過本來刺耳的聲音突然消失，變成了非常柔和的節奏，學員的整個身體發出和諧的聲音。

那是因為我們的腦波在這一瞬間發生變化，從β（貝塔）波變成了θ（西塔）波。

我曾經在某段時間定期接受腦波測量，發現腦波變化的時機點，正好就是升級的一瞬間。

在我們「恍然大悟」或產生共鳴的一瞬間，腦波就會轉為 θ 波。

這就是與潛意識領域同步的瞬間。相信每個人都有類似的經驗，應該很容易理解。

雖然你的大腦似乎很希望我繼續聊腦波的事情（笑），但還是就此打住吧。

而且其他器官現在看起來都高興得不得了，像是在說：「終於有人願意聽我們的聲音了！」

你也可以與器官對話

讀到這裡，或許有人會想：「為什麼你能與器官對話呢？」

答案只有一個：**因為我一直以來非常重視「感覺」，跟重視「生命」的程度差不多。**

聽來或許有些誇張，但其實我從小學二年級開始就覺得大人很奇怪，做任何事情都一定要有原因。總覺得越是融入這個世界，越會失去最重要的感覺，實在太可怕了。

從那時候開始，我就打定主意一定要好好守護這種「感覺」，而且一直堅持到現在。這個感覺對於我和器官之間的對話非常有幫助。

現在的我可以藉由超感官知覺「看見」器官，但最早也是從「透過感覺與器官對話」開始的。

「感覺」與學習某種知識不同，是沒有標準答案的，所以無法對答案。**你的感覺、你所感受到的一切，都是正確的**。

正因為如此，對自己的感覺沒有信心的話，就很容易動搖。若想與看不見的世界對話，就必須持續練習，讓感覺更敏銳。

聽到「不能對答案」，或許有些人會不知所措。但是請放心，有兩句通用語言可以讓你找回感覺，並提升感覺的精準度。

這兩句話就是「不知道為何總覺得」和「突然閃過念頭」。

只要善用這兩句話，就能**將與器官之間的對話，轉化為人與人之間溝通的語言**。

「對話」這個說法，或許有人會以為跟腎臟打聲招呼說你好，腎臟就會回答你好。但其實這就是一種偏見。

這一點，和許多人發現自己無法與人「互相了解」而感到失落，其實非常相像。

真正的「互相了解」並不是單方面期待對方與自己有相同想法，或是聽到對方說出自己想聽的話，而是「了解彼此之間的不同」。

與器官進行對話也是一樣。不應該期待對方（器官）懂我們的語言，而是應該理解雙方有不同的表達方式，如此才會產生對話。

或許還是有人會覺得很困難，不過會感到不安也是理所當然的。那是因為我們總是相信「肉眼看得見才是對的（可以信任的）」。但其實這也是一種偏見。

將意識集中於自己的器官並嘗試與其對話，不只能提升潛意識，還會成為**開**

啟感官（敞開心胸）的最強武器。

不僅如此，我們還可以藉由提升感官能力，來培養「對自我的信任」。感受之後就會產生對話，不要親手剝奪感受的自由。請大家以「感受的對話」盡情享受與器官之間的溝通。

不要否定自己的能力！你也「看得見」

讀到這裡，相信各位對於「與器官對話能開啟感官，培養自我信賴」這件事有了初步的了解。

那麼，「看得見」器官又是怎麼一回事呢？

說到「看得見」，有些人會覺得門檻一口氣變得很高，好像只有某些具有特殊能力的人才能看見。

但我完全不覺得自己看得見是因為擁有特殊能力。其實大家都看得見，只是各位還沒有發現罷了。

提到「看得見」，大部分的人都會以為是靠「肉眼」（視覺）看見。許多來找我諮詢的學員，也都以為有靈異感應的人能以肉眼看見無形的物體，這其實是一種誤解。

會說誤解，是因為許多人都被既定概念綁住了。

對某些人來說，**「看得見」就是「感覺得到」**，**有些人則是「聽得到」**。**還有些人說「我就是知道」**，**這樣的人也稱為「看得見」**。

我之前舉辦的「以超感官知覺看見你的器官」課程中，請每一位學員看看自己的器官，發現大家看的方法都不一樣。

每個人都發揮自己最擅長的能力在看。

我告訴學員，就算用的方法和我跟其他學員不同，看不到器官的顏色或形狀也沒有關係。因為一**旦設定標準答案**，**或許就會抹煞其他可能性**。本書提到的器官顏色，也只是眾多可能性的一小部分。

因此，即使你無法藉由肉眼（視覺）看到，也不要沮喪，不要以為自己看不見就等於沒有成功。

請不要被這種狹隘的觀念綑綁住，一味否定自己的能力。這麼做只是白白浪費力氣而已。

幾乎每一位學員聽完我對「看得到」的定義，都會非常訝異。

學員這樣分享自己的體驗。

「我似乎感覺到心臟的一部分是灰色的。」

「腎臟的聲音聽起來不同步。」

「不知道為什麼總覺得胃的狀態不是很好。」

「大腦的突觸在發光。」

沒錯，這些都表示已經看見器官了。

我們常在不知不覺中為所有的語言設定個別定義，而且誤以為自己設定的規矩（定義）就是真的。

不管是你，或是任何人，對自己設定的規矩都深信不疑，重點在於要跳脫過去三次元的狹隘定義和自己設定的規矩。

為了擴大我們一直以來視為理所當然的狹隘觀念，必須從更高的觀點（創世主、神）重新定義這些事。

也就是說，要擴大每一個字所蘊含的意義。

擴大每一個字所蘊含的意義，能擴大你的可能性、對事情的解讀，看待事情的觀點也會變得更廣。如此一來，可以讓你的人際關係更輕鬆、活得更自在，人生也會更加多彩多姿。

剛開始，我也是「不知道為什麼就是有感覺」。

身邊有些朋友是真的肉眼看得見，不過當時我選擇將全部精神集中在強化自己擅長的能力，不去和別人比較。

就這樣，我每天都樂在其中，久而久之，不可思議的事情發生了。不知道從什麼時候開始，我突然聽見器官的聲音，而且後來也看得見了。

強化原本擅長的能力，也會提升其他的能力。

大家要記得這一點喔！

器官的顏色美得讓人著迷

聽到器官兩個字，許多人會馬上聯想到血淋淋的寫實畫面。

但其實每個器官都**長得很美，讓人為之著迷，而且器官的顏色非常繽紛，跟解剖圖鑑完全不一樣**。

或許有些人會說：「是嗎？但骨頭不就是白白的，心臟就是紅色的啊。」

我很能理解大家為什麼會這麼說。

我看到的**骨骼是七彩的，顏色接近彩虹，帶有一點透明感，還散發著光芒；心臟則是具有金屬光澤的淺綠色，或帶點淺紫色，看起來就像整個宇宙從裡面透出光來**。

各個器官就像是星座一般分布在夜空之中，有如繁星點點，也像是美術館裡的畫。

在你決定「這個世界就長得如此！」的那一刻開始，就看不見其他東西了。一旦戴上「決定」這一副有色眼鏡，眼前的人在你心中就會變得扭曲，彷彿蒙上一層薄紗。由此可知偏見及既定印象的影響有多大。

想接納不同價值觀的人，就必須先去除這層面紗；**想接受各種不同的顏色，就必須先捨棄對顏色的既定印象**。

顏色原本就具備不同表情。

只用一種紅色顏料無法畫出蘋果。

加入綠色、黃色等其他顏料，才能畫出蘋果真正的樣貌。器官的顏色也一樣。

當你覺察**「只是因為我一直以為是紅色，所以才會看起來是紅色」**這件事之後，就會發現全新的可能性（開眼）。

我們的雙眼會不斷發出各項與「看見事實」相關的潛意識訊息，**只要願意重新檢視深信不移的事物，就會讓可能性擴大**。

當我們撥開這層面紗，通往天界之門就會在你的面前開啟。**超越意識次元的旅程就此展開**。

現在，就請整理並擦亮你的潛意識，展開一趟超越次元的旅程吧。這趟旅程的目的地是我們的故鄉，也就是泉源（愛的源頭）。

請各位參考下一章介紹的實例，一起接收器官發出的訊息，並藉由對話使潛意識升級吧！

第2章

／

與器官對話，使潛意識升級

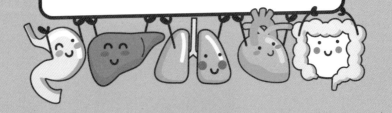

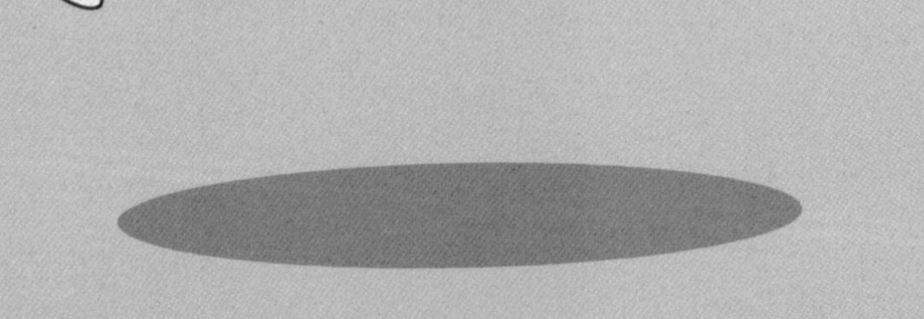

三個技巧，只要繼續往下讀就能升級！

接下來我將以實際發生的案例，具體為各位介紹器官會傳遞什麼樣的潛意識訊息。

以下整理出有效提升潛意識偏見的技巧，請各位參考並繼續往下閱讀。

如何閱讀本章？

在這一章裡，各位可以選擇自己最適用的部分跳著讀。**只要將意識集中在自己的身體，就能開始與器官交換訊號**。可以從自己最在意的器官開始。

本書不會介紹各種疾病的治療方式。只要將意識集中在自己的器官（體內），就會產生重視自己、希望活出自我的意識，可以因此**提升與內心真正的想法之間有落差的潛意識偏見**。

在整體取得協調的同時，身體也會給我們更多支持。或許你原本不認為器官與情緒之間有什麼關聯，但很多人試過之後，發現**自己從器官那裡知道許多內心真正的想法，是以前不曉得的**。建議大家仔細聆聽各個器官發出的訊息。

器官發出的潛意識偏見

每個人的狀況都不盡相同，接下來介紹的潛意識偏見只是舉例，不一定適用於所有人。

只要從中找到最符合自己的狀況、**有恍然大悟的感覺並打從心底產生共鳴**的即可。

當你在心底道出愛與感謝，器官就會接收到這些訊息，並感到開心雀躍。**器官喜歡聽的不是表達歉意的話，而是「感謝」**。

潛意識升級會促使你採取行動，如果因此萌生某些念頭或突然想嘗試新事物，不要遲疑，做就對了。**動起來，會讓潛意識更加穩固**。

自我照護與「下載訊息」

第二章的每一篇文末都會介紹自我照護器官的方法，非常簡單，任何人都能輕鬆做到。某些時段最適合進行自我照護，請盡可能在這些時段進行。

像是「入睡的前一刻」「泡澡中最放鬆的時候」「早上睜開雙眼、還沒完全醒的時候」「接觸大自然時」，以及「休閒放鬆的時候」。

本書將這些時段稱為「意識恍惚時段」。

此外，「滲透到細胞的下載訊息」是指可以下載到身體最深處、為人生帶來助益的一句話。

只要在自己喜歡的時段，在心中默許「我願意接受○○」即可。由於沒有次數的限制，可以盡量貪心地接收更多，為人生帶來更多助力。

意識恍惚時段，是我們與潛意識交換訊息的時間。

請放鬆心情和眉間的肌肉，帶著愉悅的心情，閱讀時一邊想著，「對對對！我就是這樣！」將可以在短時間內達到更好的照護效果。

話不多說，馬上開始吧！

給不懂得撒嬌的人
來自【肩部骨骼與肌肉】的訊息

☑ 不懂得麻煩人
☑ 不懂得撒嬌
☑ 不懂得拜託人

擁有以上特質的人，你的肩部骨骼和肌肉想告訴你：

你是否已經接收到這樣的訊息（症狀／問題）？

◎肩膀和背部硬邦邦
◎肩胛骨收不起來

◎經常頭痛
◎按摩也無法改善症狀

某天有位女學員來訪。正當我接過她的外套、準備掛起來的時候，突然聽見一陣非常刺耳的聲音，像是汽車的緊急煞車聲。似乎是她的「肩膀」有話想說：

「每天一直加班，不知道要持續到什麼時候。上司幫不了忙，下屬也不會做事，壓力大到極限了。有沒有辦法處理一下？（笑）」

女學員似乎沒有覺察肩膀（肩部骨骼與肌肉）發出的哀嚎，諮詢時看起來非常開朗。

◆肩部骨骼與肌肉：「我們真的快撐不住了，她總是自己拚過頭！」

這位女學員的肩膀刻意表現得很誇張，好像故意要讓我聽到一樣。看我沒反應，似乎有點不開心，還越來越大聲，就像小孩故意引人注意。

女學員將冰紅茶放回桌上，發出很大的聲響，看起來有些焦躁，似乎是回想起公司的事情。她轉轉脖子，用左手揉揉右肩，說：「我的肩膀好硬喔。諮詢結束後，我得馬上趕回公司。下屬捅了婁子，真的是好煩。」

◆肩部骨骼與肌肉：「我們才煩呢！她太拚了，責任感太強，而且還不懂得怎麼拜託別人！」

我把肩膀傳來的這些訊息告訴女學員，並對她說：**「如果你一直覺得非得自己處理不可，之後就會獨自承擔喔。」**

「沒錯！我就是忍不住會想『得自己處理才行』，而且不懂得拜託別人，就是這樣沒錯（笑）。我也知道啊，但就是改不了。」

於是我馬上與她一起整理出潛意識裡存在著以下偏見：

「只能靠自己把事情處理好。」

「不努力不行。」

「忍一下就過了。」

「自己老是給人添麻煩。」

「好像被你說中了。我總會覺得自己給很多人添麻煩，常常覺得拜託別人幫忙很過意不去……但其實我不想一個人這麼拚，希望身邊的人幫忙，想和大家同心協力做好一件事。」

她的肩膀帶出回憶。一位母親哄著懷中的嬰兒，房間的角落裡還有一個小女孩，孤獨地玩著玩具。

我將眼前看到的景象告訴女學員。

女學員說：「妹妹出生之前，媽媽只屬於我一個人。但妹妹出生之後，媽媽總是忙著照顧妹妹，我開始覺得自己對媽媽來說好像是多餘的，給媽媽帶來麻煩……」

◆肩部骨骼與肌肉：「媽媽只是太忙了，不是你給媽媽帶來麻煩喔。」

我將肩膀的訊息傳達給女學員。她聽完後，一邊顫抖，一邊低聲說：「原來我沒有給媽媽帶來麻煩……」這股聲音的振動，輕柔而緩慢地從喉嚨傳導到肺、心臟、肩膀一帶。

「或許就是因為覺得自己給媽媽帶來麻煩，我才一直那麼努力。我以為只要夠努力，就能幫上媽媽的忙，獲得稱讚。因為媽媽那時候看起來好辛苦，我希望媽媽開心。」

女學員本來低垂著眼，這時突然抬起頭來看著我。

「我表現出很能幹的樣子，但其實很沒有自信。或許害怕請別人幫忙，是因為怕被人發現原來我沒有自信吧。我一直努力掩飾沒有自信這件事，但我不想再這樣了。回公司之後，我會試著請人幫我分擔工作。」

「就是這樣，而且還要試著撒嬌喔！」

「我辦得到嗎？這門檻太高了（笑），但我會試試！」

女學員的骨骼開心地笑了，七彩閃耀的光芒從骨骼裡透了出來，彷彿水晶切面球一樣，反射在房裡的每一個角落。在此同時，骨骼還傳來這樣的訊息：

「你可以存在於此。」

★肩膀附近的自我照護：輕輕按揉肩膀和附近的肌肉，一邊在心裡默念：「不用再承擔了，謝謝你。」

★滲透到細胞的下載訊息：「我的存在是被應允的。」

給過度隱忍的人來自【子宮】的訊息

☑過度隱忍
☑和真正的自我分離
☑太過責備自己

擁有以上特質的人，你的子宮想告訴你：

你是否已經接收到這樣的訊息（症狀／問題）？

◎生理痛 ◎虛冷 ◎經前症候群 ◎過度將他人擺在第一順位而感到窒息
◎戀愛經驗的心理創傷 ◎罪惡感

耳邊傳來一陣清爽宜人的聲音，彷彿秋高氣爽的舒適氣息。

這位女學員帶著淺淺的微笑，交談時雙眼始終直視著我。當我問起今天諮詢的內容，她的視線落到了桌上的茶杯。

「我有一個交往對象，但總是擔心他會離開我，內心非常不安。」

原本聽來清爽宜人的聲音，突然在那一瞬間消失。正當我試圖找回那個聲音的時候，聽見一陣聲音從她的子宮傳來。

◆子宮：「她太能忍了，過度責備自己。拜託你讓她不要再這樣了。」

來自子宮的這個聲音，彷彿被無來由的孤寂包圍。我透過超感官知覺看了看子宮，發現子宮的顏色慘白，內部彷彿像冰箱一樣冷，看著都覺得要冷到發抖了。女學員仍然盯著茶杯，想著她的男朋友，於是我開口輕輕說：「你是不是會忍不住自責，或是太拚了呢？」

聽到這句話，她回過神來，聳了聳肩，不好意思地說：「我太能忍了，所以好累。但如果我不隨時忍住，又會把話說得太絕，然後又自責都是自己不好。好難喔。」

◆子宮：**「她太自責了。因為她討厭自己，和真正的自己分離，所以身體也很虛冷喔。」**

子宮雖然裝得很鎮定，聲音卻越來越大。如果有太多想說的話，器官的聲音就會像這樣越來越大。

「討厭自己，就好像在評斷自己好或不好，是和自我分離。這樣也會比較容易引起生理痛或身體虛冷喔。」

「真的嗎？我的生理痛很嚴重呢，身體更是冷到冬天暖暖包不離身的程度。身體虛冷跟自我厭惡有關係嗎？太令人意外了！」

接著我和她一起整理出潛意識裡存在著這樣的偏見：

「我要忍耐。」

「我沒有身為女性的價值。」

「做自己會討人厭。」

「都是我不好。」

「這些偏見說得一點也沒錯。」

聽了這些話之後，子宮帶領我看見女學員的回憶。餐桌上的父親勃然大怒，母親與孩子們都不敢出聲。接著換了一個場景。父親正在看報紙，高中生模樣的女孩一聲不吭地衝出家門。

◆子宮：「請轉告她，讓她知道自己與父親之間的距離。」

女性對異性的第一印象來自父親。

孩童時期與父親之間的距離，就是長大成人後與男朋友之間的距離。

我告訴女學員：「子宮是和異性相關的器官，所以會以距離＝體溫的方式呈現出來。這跟遠距離戀愛很像，寂寞會剝奪人與人之間的溫度，使子宮和身體變寒。」

「我很怕我爸爸，對他的記憶只有恐懼和忍耐。可能因為他不喜歡小孩吧，記憶中沒有他對我好的印象。咦？說不定就是因為這樣，我才會覺得男朋友也不是很重視我吧？我會一直忍耐，也是因為不想被討厭，希望被愛而已。」

或許是女學員終於懂了，子宮看似鬆了一口氣，原本蒼白的顏色似乎稍稍和緩了一些。

「如果你和父親之間的關係是『國際線』的話，那至少把它縮短成『國內線』吧。你可以先試著傳訊息讓父親了解你的想法，如果他沒有傳訊息的習慣，那就留封信在桌上……這麼做好像有點落伍了（笑），寫張字條給他也ＯＫ喔。」

或許是我舉的例子有點搞笑，女學員聽完後呵呵笑了出來，臉上堆滿笑意，子宮也傳來竊笑的聲音。這時，我聽見了這樣的呢喃聲。

◆子宮：「要善待自己的心情。就算什麼都不做，原本的自己也很有魅力喔。一定可以的。」

「請你向我的子宮說聲謝謝。我會善待自己的心情，先縮短與自己之間的距離。對了，我想起來了！媽媽前陣子告訴我，最近我爸開始用LINE了，叫我傳個訊息給他，只是我一直還沒傳。不願意縮短距離的搞不好是我，回去後我會馬上傳訊息給他。」

子宮出現一道彩虹，我又再次聽見清爽的聲音。接著我收到了來自子宮的訊息：

「你是被愛的。」

★子宮的自我照護：一手放在子宮上，一手放在心臟，輕聲告訴它們：「你值得被愛，謝謝你。」

★滲透到細胞的下載訊息：「我正散發光芒。」「我有被愛的價值。」

給不敢說出真心話的人
來自【喉嚨】的訊息

☑說不出口
☑不被理解
☑不懂拒絕

擁有以上特質的人，你的喉嚨想告訴你：

你是否已經接收到這樣的訊息（症狀／問題）？

◎聲音出不來 ◎乾咳 ◎喉嚨狀態差 ◎甲狀腺有異狀 ◎想努力卻又想休息

「喉嚨突然怪怪的……」

某天正準備接待第一次前來諮詢的女學員時，我覺得喉嚨怪怪的，心想待會要記得吃些維他命C。

「並不是很嚴重的事，有點難以啟齒……」學員說道。

煩惱不分大小，於是我告訴她，不論什麼樣的事情都可以說說看。

這時，我突然聽見一個痛苦的聲音說：「啊，好痛苦喔。快放我出去！」

我迅速將面前的女學員從頭到尾掃描一遍，想找出聲音的來源，感覺肺部到氣管一帶好像有些不尋常。

再進一步仔細感受這股急躁的聲音，我馬上留意到是喉嚨附近。於是以超感官知覺看了看她的喉嚨，發現喉嚨被灰色的濃霧包圍。

這時一個尖銳的聲音響起，好像很痛苦的樣子。女學員的喉嚨成功吸引我的注意力之後，便連珠炮似地說了一大串，似乎已經忍很久了。

◆喉嚨：「說不出口，不被理解，總是感覺孤單，無法拒絕別人。快告訴她！」

喉嚨說得又快又急，就像瞬間最大風速吹過一樣，讓我差點招架不住。我刻意停頓了一下，告訴女學員：「將心中的想法告訴對方，或是拒絕別人，真的是很難的事啊。」

女學員露出驚訝的表情，好像心裡想的被我說中了似地，微微張開了口，「啊」了一聲。

「其實是你的喉嚨告訴我的。」

聽了這句話，她似乎鬆了口氣，吞吞吐吐地說：

「真的是很小的事情，實在難以啟齒。我很希望先生幫忙倒垃圾，卻說不出口。」

◆喉嚨：「那是因為她總是以為自己不被理解、被別人否定啊。」

聽到喉嚨這麼說，我再度試圖引導出她潛意識裡的偏見：

「說了也只是被否定。」

「我的心情無法被理解。」

「我好孤單。」

「說出真心話會傷人。」

「就是這樣沒錯，反正不管我說什麼都會被否定，都無法被理解，也感受到強烈的孤獨感。我先生開口就否定我，跟我媽媽一模一樣。孩子們知道我先生的個性，所以有事只敢找我商量。」

「你這麼懂孩子，他們一定覺得有你真好。你真的很棒。」

「因為我從小就不被大人理解，所以我告訴自己要找時間多聽孩子說話，幸好他們有事也願意告訴我。聽你這麼說，我真的很開心。」

◆喉嚨：「她小時候很努力說出自己的想法喔，只是後來死心了。所以如果真的想說，應該是說得出口的。」

或許是因為感受到女學員的肯定帶來的振動，喉嚨似乎放鬆了不少，變得十分鎮定，彷彿颱風剛走。接著喉嚨輕輕地帶出回憶。

我看見小女孩望著媽媽在廚房裡忙碌的背影，努力對媽媽說著話。我將喉嚨讓我看到的畫面一五一十地轉告女學員，她終於忍不住流下眼淚，邊擦眼淚邊告訴我：

「就是這樣沒錯！和媽媽說話時，她總是背對著我。不管我說什麼，她都沒聽懂。當時我真的很難過。試了很長一段時間之後，我放棄了。不是說不出口，或許只是我不願意說了。」

女學員隱忍多年的心情，總算在這個時候一口氣釋放出來。所有的器官覺察到她哽咽啜泣時的心情，都默默為她加油打氣。接著，我看見金色的光線描繪出螺旋光芒，撫慰著喉嚨。

過了一會，她看起來好多了，有點不好意思地對我說：

「今天我會打電話和媽媽聊聊。許多事情，小時候說不出口，現在的我應該辦得到！」

喉嚨終於放下心，開心用力地點了點頭。

「不必在乎別人的回答，更重要的是能說出心中的想法。**說出真正想說的話，器官就能得到安撫。**」

喉嚨附近的濃霧逐漸散去，天藍色的光芒包圍著喉嚨。

我發現喉嚨原本不尋常的感覺消失了。女學員的喉嚨發出了這樣的訊息：

「不論什麼時候，你都是被接納的。」

★喉嚨的自我照護：雙手輕柔地包覆著喉嚨，在心裡默念並告訴它：「不要害怕說出口，謝謝你。」

★滲透到細胞的下載訊息：「我了解有人傾聽的喜悅。」「我是被接納的。」

給不懂拒絕的人
來自【胃】的訊息

☑ 工作太賣力
☑ 過於顧慮他人感受
☑ 吃得太多

擁有以上特質的人，你的胃想告訴你：

你是否已經接收到這樣的訊息（症狀／問題）？

◎食欲不振 ◎皮膚狀態差 ◎口內炎／嘴破 ◎暴飲暴食 ◎胃持續悶痛

這天一大早，我一名和男學員約在飯店大廳碰面。

男學員看起來俐落大方、坐姿端正，在我說話時頻頻發出「是、是」的應答，節奏非常明快。空間中充滿公式化回答的能量。

「又來了……」

與人交談的時候，對方所說的話通常會化為音符，傳到我的心裡，但有時我會感覺音符還沒傳到，就「掉了下去」。這位男學員就讓我有這種感覺。

這種感覺經常出現在我小的時候，就好像電影《駭客任務》的片頭中，許多字母不斷往下掉一樣。

將掉落在空間中的音符一一拾起的同時，我聽見一陣尖銳的聲音，便將意識集中在上頭，發現這個令人不舒服的聲音原來是來自男學員的胃。

◆胃：「他非常在意周遭的眼光，因為旁人的評價非常重要嘛。忙得要命，真的好累喔。」

「剛才你說壓力很大，是指周遭人的眼光或是主管的評價嗎？」

「是的，兩者都是。」

◆胃：「**說得好聽，是顧慮他人感受；說得不好聽，是太在意別人了。**」

胃聽起來有些焦躁，讓我猶豫著要怎麼把這些話轉達給他才好。這時，男學員又繼續往下說：

「我在外商公司上班，主管的評價非常重要。我在公司裡的績效不太好，很在意別人是怎麼看我的，這種個性真的很累。」

說這些話的同時，男學員的眼神無意識地隨著大廳裡人來人往的民眾跑。

◆胃：「**你看，他就是這樣隨時在意周遭的眼光。真的忙翻了，好累啊。**」

很多人以為自己的性格就是如此，但其實這是一種潛意識偏見。我從胃傳來的訊息裡解讀出他的潛意識偏見，並轉達給他：

「我必須不停工作才行。」

「要看別人的臉色。」

「自己的價值決定於他人對我的評價。」

「我一點用也沒有。」

「有理由才能放假。」

胃看起來有點不耐煩，帶領我看見它的回憶。我看見一個大人摸了摸某個小男孩的頭，小男孩非常開心，旁邊還有個被罵的小男孩。

「說到評價，你會想到誰？」

「我會想到父親。家裡的兄弟姊妹都比我會讀書，我常常被罵。」

◆胃：「因為他一直活在父親的評價中啊。請告訴他，他已經夠努力了。」

當他說到父親時，胃的態度突然變得溫和許多。我將胃傳來的訊息轉達給他，原本一絲不苟、正襟危坐的男學員才突然卸下心防，低著頭說：

「我爸很愛說某某人的小孩是什麼學校畢業的，叫我要把目標放得比別人更高。現在回想起來，應該是爸爸自卑的關係。因為他自己沒讀大學，覺得矮人一截，才會希望至少孩子要好好讀書吧。」

說完，他沉默了一會。我看見他的肺撫慰著他的悲傷。就在這個時候，他突然「啊！」地叫了一聲，同時拍了一下自己的膝蓋，像是想起什麼。

他抬起頭來對我說：

「我知道了，我的主管跟我爸爸很像！現在的我就像小時候不管怎麼努力，也得不到稱讚一樣，所以我才會那麼在乎別人對我的想法。其他兄弟姊妹都很聰明，爸爸非常以他們為榮，但我總覺得自己在那個家裡一點用處也沒有，所以才會告訴自己至少要努力、要比別人更賣力工作……我就是一直努力、一直努力，希望獲得爸爸的稱讚……接下來的人生，我再也不要這麼在意爸爸的評價了。以前我以為自己的個性本來就如此，改變不了，但其實不是這樣的。這些都是我的偏見，對吧？想到能靠自己改變，我突然有了力量，真是太不可思議了。」

這種發自心底的話語，可以像這樣強而有力、充滿在整個空間之中，並傳達給對方。

胃平常看起來酷酷的，總是不動聲色、默默地工作。這時，一股淡黃色的光慢慢擴散開來，敲打著輕快的節奏，顏色和聲音掩蓋不住胃的喜悅。接著胃又傳了訊息給我：

「現在的你已經很棒了。」

★胃的自我照護：將手放在胃上，告訴它：「現在的你就很棒了喔，謝謝你。」

★滲透到細胞的下載訊息：「選擇與喜悅共生。」

給假裝看不見的人
來自【眼睛】的訊息

☑假裝看不見
☑假裝沒有發現
☑假裝沒有感覺

擁有以上特質的人，你的眼睛想告訴你：

你是否已經接收到這樣的訊息（症狀／問題）？

◎視力變差 ◎眼睛疲勞 ◎皮膚長斑 ◎不懂自己 ◎做什麼都無法持續

「不知道自己想做什麼。做什麼都無法持續。」

女學員全身散發清新氣質，眼睛看起來卻霧霧的，像是蒙上一層紗。

「在這裡、在這裡！」

我一看，原來是肝臟發出的聲音。肝臟看似帶著憤怒、寂寞與悲傷，那裡彷彿一個整理得非常整潔的房間。一陣聽來十分悲戚的聲音，傳遍了她的眼睛，甚至從肺傳到肝臟，不停地響著。

◆眼睛：「看不清楚。好暗、好可怕。不想看見、不想有感覺。外面好危險。」

我先詢問她的「情感」。她面不改色、幽幽地說：

「我很不擅長處理情緒和情感。說來慚愧，我甚至不太懂自己。」

「冒昧請問一下，你的視力如何呢？」

「視力？我的視力從小就不好，沒戴隱形眼鏡的話，根本無法生活。」

「不懂自己」其實很有可能跟「情感」與「視力」有關。於是我和她一起確認她的偏見，如下：

「將自己的情感表現出來很危險。」

「不要知道真相比較安全。」

「我是被拋棄的。」

「這個世界很危險。」

「人生很無趣。」

好像每一個都說中了。我每說一個，她就「啊！」一聲。

◆眼睛：「一直在乎別人的眼光，卻對自己視而不見。請你撫慰她的空虛感，打開她關閉的心房。」

眼睛等到了適當的時機，對我這麼說。

接著，眼睛帶出了記憶的相簿讓我看。

看似憂心的女孩在玄關等待媽媽回家，不遠處有個年紀更小的女孩。

「你的眼睛說，你常常假裝看不見。現在請告訴我，聽到被拋棄，你會想起什麼事呢？」

聽到這句話，她的眼淚潰堤般流個不停。

「我爸媽常常為了離婚起爭執，從那個時候開始，我一直有這種感覺……不好意思，我的眼淚……」

我輕輕點頭，只見女學員卸下心防，繼續說：

「媽媽說，我和妹妹，她只能選一個。我想，媽媽那麼疼妹妹，一定會丟下我不管。」

她的肝似乎承受著無比巨大的憤怒與悲傷，肺和眼睛、甚至是整個身體都彷彿因為過度悲傷而墜落無底大海般沉重。這時，眼睛從記憶中呈現出來的，是一個小女孩蜷縮在房間的角落，擔心媽媽不告而別。

「**人所畏懼的，是悲傷，而非憤怒。悲傷使人提不起勁，使人崩潰。**為了不要感覺悲傷，有些人會表現出憤怒，有些人選擇將悲傷遺忘。每個人都會不惜一切保護自己不受傷害。」

聽到我這麼說，她低聲哽咽著，就像剛才看見的小女孩一樣。小女孩被柔和的光團團包圍住。

接著，原本聽來寂寞的聲音也恢復了平靜，轉變為柔美的風琴聲，彷彿換了首曲子。女學員的表情也從小女孩逐漸恢復成原本的樣子，繼續對我說：

「我很害怕被遺棄，一直以來只希望往後的日子過得安全，就這樣用自己的方式努力保護著自己。但我保護過頭了，變得連自己都不懂自己了。在我找到真正想做的事情之前，我想我應該先貼近自己的心情與情感。」

我告訴她：**「請在心裡默念：『感覺得到也無所謂。』『不管看到什麼都是安全的。』先試著三天左右做一次，慢慢開始感受自己真正的想法。」**

聽到女學員說出如此堅定的話，眼睛輕輕嘆了一口氣。

我看見眼睛的深處蒙著一層紗，後方隱約透出藍色的光。原本看似沉重的身體也變得輕鬆許多，還傳來輕快的腳步聲。

接著，眼睛傳來了這樣的訊息：

「讓我們約定，絕不會拋下你不管。」

★眼睛的自我照護：雙手蓋著眼睛，溫柔地對它說：「這個世界很安全，謝謝你。」

★滲透到細胞的下載訊息：「我的世界裡充滿安心。」

給害怕年齡增長的人
來自【皮膚】的訊息

☑ 害怕皮膚不再膨潤
☑ 害怕皮膚失去彈性
☑ 害怕老去

擁有以上特質的人，你的皮膚想告訴你：

你是否已經接收到這樣的訊息（症狀／問題）？

◎皮膚產生皺紋、鬆弛 ◎更年期障礙 ◎膚質變差 ◎害怕老去

「呼！舒服多了！」

有位在公司裡擔任要職的女學員，會定期來找我諮詢。這天，她像平常一樣開朗，輕輕伸了個懶腰，看了看手表。但是她的喉嚨好像還有什麼想說的。

「還有一點時間，還有什麼想問的嗎？」

「看得出來嗎？你真的好貼心喔。其實我早就想問了，請你跟我的皮膚拜託一件事情。」

這位女學員摸了摸自己的皮膚，這時，本來正在開心聊天的心臟、腎、腎上腺，突然不說話了。

◆皮膚：「她老是抱怨自己不年輕了，真希望她別再這樣了。」

聲音聽起來有些吵雜，仔細聆聽之後，我聽見了很小聲的苦笑，是從女學員的臉部及脖子附近的皮膚傳出來的。

「你是不是常把自己不再年輕這句話掛在嘴邊？」

「咦？你好厲害喔。是我的皮膚說的嗎？」

「它控訴你老是抱怨，希望你多稱讚它啊（笑）。」

◆皮膚：「我老了。她老是把這句話掛在嘴邊。這樣我怎麼會滋潤，只會越來越乾！」

皮膚說話的語氣跟女學員很像，我強忍著不要笑出來。

「幹嘛啦！你在笑我對不對？我的皮膚是不是又亂說什麼了？它說不年輕、沒辦法了？真是大受打擊啊！」

這時皮膚又苦笑了，不過這是我第一次遇過皮膚這麼開心的。

看來她自己就能跟皮膚說話了，根本不需要我來代勞。不過，我還是將皮膚想告訴她的「不要把『我老了』這句話掛在嘴邊」和「不但無法滋潤反而越來越乾的原因」，轉告女學員。

「可以知道得這麼詳細嗎？」女學員非常驚訝。於是我告訴她，**器官會記住**

我們說過的每一句口頭禪，這些口頭禪也會變成潛意識裡的偏見。

同時，我也跟她一起確認了皮膚想要告訴她的其他偏見：

「膚質會隨著年齡增長逐漸衰退。」

「老了之後人生就要結束了。」

「年紀越大，皺紋越多。」

「上了年紀就會有更年期障礙。」

「哈，我真是哭笑不得啊。我都五十歲了，當然覺得膚質會隨著年齡增長而逐漸衰退啊。我媽媽在我這個年紀的時候，因為更年期障礙吃了不少苦喔，所以我才會有這種偏見嘛。潛意識真的好恐怖喔！不過更年期障礙是可以藉著調整偏見而改善的嗎？」

「你媽媽是不是很容易生氣？」

「你怎麼知道？真想知道你的腦子裡到底裝了什麼！」

「更年期障礙和負責生氣的肝有很大的關係，只要偏見和憤怒的情感都獲得安撫，更年期就不會有太明顯的不適喔。」

「那我一定沒問題，我常常在你這裡進行『憤怒大解放』嘛（笑）。」

這時，我聽見女學員的肝在苦笑。

「女性是會隨著年齡增長而越來越美的喔。」

「哇，這樣的想法真是太棒了！我要把這句話當成我的偏見！」

「你皮膚的顏色和聲音現在產生變化了，表示這個偏見已經被植入潛意識裡了！」

聽到我這麼說，女學員開心地大笑起來。這時，一道白光照在她臉部及脖子一帶的皮膚上，皮膚也傳來優美、柔和的音色，以及這樣的訊息：

「坦然接受就是對自己最極致的寵愛。」

★皮膚的自我照護：輕輕觸摸想要改善的地方，對它說：「謝謝你平日的付出。」

★滲透到細胞的下載訊息：「我的皮膚獲得許多滋潤。」「我可以開心地老去。」「每次呼吸都讓我越來越美。」

給對金錢感到不安的人來自【腰部肌肉與骨骼】的訊息

☑對金錢感到不安與負擔
☑對家人感到不安與負擔
☑對工作感到不安與負擔

擁有以上特質的人，你的腰部肌肉與骨骼想告訴你：

你是否已經接收到這樣的訊息（症狀／問題）？

◎腰痛 ◎失眠 ◎慢性疲勞 ◎經常犧牲自己 ◎想休息卻沒辦法休息

這位男學員坐下的瞬間，傳來一陣吱吱作響的聲音。我不禁看了看椅腳。

「哎呀，痛死我了。」

視線往上移後，看見男學員露出痛苦的表情。這個聲音似乎不是來自椅子，而是他的器官。

「閃到腰了，現在已經好多了，痛、痛、痛……」

我急忙用超感官知覺看了看他的腰部，發現他的右腰有一個深黑的色塊，旁邊泛著淺淺的紫。男學員的腰像是終於逮到機會，緊接著往下說。

◆腰部肌肉：「啊，每天都好不安喔。錢、工作、家人……太沉重了。想休息卻沒辦法休息。」

看來，腰部想控訴的內容多到不行。

「今天休假嗎？」

「怎麼可能，根本沒辦法休假啊！諮詢結束後我還要搭計程車趕回公司。」

「你的腰在控訴它很不安、負擔很大。你知道為什麼嗎？」

「不安的事多著呢（笑）。錢、工作、未來……所有一切都令人不安。」

◆腰部骨骼：「他老是覺得自己得努力、得加油啊。因為他一直沒正視自己的內心啊。」

我和男學員一起確認了他的偏見，如下：

「為了賺錢，不努力工作不行。」

「為了家人，不努力工作不行。」

「有工作才有價值。」

「休息需要理由。」

「我有很多不足的地方。」

「太神奇了。唉，真的很傷腦筋。不工作的話就沒有錢，也會覺得自己似乎缺了什麼。」

◆腰部肌肉：「他對金錢非常執著。你看，因為他現在正在反撲啊。」

腰部帶出了記憶。

我看見一位父親大白天在喝酒，母親屢勸不聽，之後離家出走的畫面。小男孩和小女孩緊追在母親後面，跟著跑了出去。

◆腰部肌肉：「媽媽吃了很多苦啊。」

每個人的金錢觀和對工作的態度，都會受父母影響。這位男學員對工作有這樣的感覺，似乎就是受到父母的影響。

「原因就是那個人。他不工作，整天只知道喝酒。為了生活，我媽拚命工作賺錢，結果錢都被我爸拿去賭博，真的是個人渣。因為從小在這樣的家庭長大，所以我發誓絕對不能再讓家人吃苦。我一定要拚命賺錢，讓家裡過好日子，要讓那個人好看。這麼多年來，我就靠著這個信念撐過來：『你讓媽媽過得那麼痛苦，所以我更要……』」

說到這裡，男學員突然回過神來，看了我一眼，又嘆了口氣。

「原來是這樣。但也多虧有這一段過去，讓你的家人這幾年可以過上安心的生活啊。」

「多虧有這一段……」

男學員微微抬頭看著上方，他的憤怒能量也慢慢散去。

聊到這裡，他看似不經意地重新坐好，腰痛似乎和緩許多。

「我從來沒想到過去的經歷對現在有幫助，但想想確實是這樣沒錯。從小我就希望讓媽媽過好日子，太太和小孩也說他們很幸福。或許人生中的任何經歷都是有意義的吧。昨天太太突然說她也可以去上班，叫我不要這麼拚，問我這麼拚到底是為了誰。我想她早就覺察到了吧。」

我看見男學員的眼睛裡有某樣東西在發光，但故意裝作沒發現，看著窗外等他繼續往下說。

「這一切結束了，我與父親之間的戰爭結束了。以後我會告訴自己，要為自己工作，相信家人也希望如此。咦？奇怪，我的腰好像不痛了！」

男學員站起身，又坐了下來，重複了好幾次，想確認自己的腰是否已經好了。

我聽到他的腰部傳來輕快的節奏，以及這樣的訊息：

「你只須追求自己的幸福即可。」

★腰部的自我照護：輕輕撫摸腰部，告訴它：「請放輕鬆享受這一切，謝謝你。」

★滲透到細胞的下載訊息：「工作可以伴隨喜悅。」「我了解金錢不虞匱乏是什麼感覺。」

給不懂得被愛的人來自【心臟】的訊息

☑不懂得被愛
☑不懂得如何討自己歡心
☑害怕幸福

擁有以上特質的人，你的心臟想告訴你：

你是否已經接收到這樣的訊息（症狀／問題）？

◎虛冷 ◎睡不好 ◎總是付出太多 ◎不擅長溝通

眼前的女學員喝著花草茶。她用雙手捧著茶杯，像是在暖手。她開口說話之前，我一直盯著她的雙手看，同時聽到沙沙的聲響，好像電視收不到訊號時的聲音。

「我的煩惱就是公司裡的人際關係，身體還滿健康的。」找我諮詢的學員之中，像這樣認為「身體還滿健康」的人，其實不算少數。但剛才那陣沙沙聲卻越來越大聲，像是在反駁她的話一樣。那聲音大到讓人想要摀住耳朵，使我不自覺將注意力放在那個聲音上，循線來到了女學員的「心臟」。

◆心臟：「太不協調了。」

隨著心臟的指引，我的意識進入動脈的血流，以極快的速度向前衝，接著卻突然緊急煞車，使我整個頭往前用力晃了一下。過了一會，速度又突然變慢，好像停止流動了一樣。

◆心臟：「剛才流動比較差的地方是靜脈。犧牲、奉獻太多，因為總是把自己擺在最後。」

我的頭有點暈暈的，像是暈車一樣。我用超感官知覺看了一下女學員的心臟，看到一半紅紅的，另外一半則帶著灰色。

剛才的沙沙聲應該就是從這裡傳出來的吧。

我的意識回到她身上，問道：「你是不是總是對別人太好？」

「是啊，在公司也是，總會忍不住為別人想。回到家後，整個人都累癱了（笑）。仔細想想，我對男朋友也是付出過多。」

「付出是一種給予，也不全然是壞事喔，或許你需要的是取得平衡。」

接著我和她一起確認了她的潛意識偏見，如下：

「不懂得被愛。」

「不懂得與人相處。」

「不優先考慮自己的幸福。」

「必須無條件對人付出。」

「為了家人必須犧牲自己。」

「不懂得如何討自己歡心。」

「你好厲害喔，就是這樣沒錯。」女學員點頭如搗蒜。

關於「愛」這件事，其實動脈擔任的是付出的角色，而靜脈則是擔任接受的角色。

這位女學員在付出時非常有活力，接受時的存在感卻非常薄弱。這樣的人身體容易虛冷，晚上睡不好。詢問後才知道這個女學員就是身體虛冷，尤其是四肢特別冰冷，常常睡不著覺。

◆心臟：「總之，她就是付出太多了。希望她不要總是把自己放在後面，多多接受別人的愛。」

心臟的語氣像是訓話一般，我將這個訊息傳遞給女學員。

「我家有三個小孩，從小爸媽都在工作，他們不在時，我就要負責照顧弟妹。媽媽每天都很忙，看到我幫忙照顧弟妹，總會露出開心的表情。大概是從那時候開始的吧，我總覺得這樣媽媽就會開心、就會愛我，所以才會付出這麼多！」

「除了被愛以外，應該也學到不少為他人著想、陪在某人身邊的感覺吧。」

「或許吧。雖然覺得自己老是吃虧，但也有開心的時候，應該就是你常說的寶物吧。因為我很重視為他人著想這件事，聽到你這麼說真的很開心！」

◆心臟：「不要老是把別人的事擺在前面，要對自己好一點啊，這樣血液循環才會比較好。」

「以後你也要多為自己著想，就像平常為他人著想一樣，這樣就能取得平衡了喔。自己過得好，身邊的人自然就會開心了。」

「哇，這樣的想法好棒！自己過得好，身邊的人就會好！這樣的想法真棒，我覺得我應該做得到！」

那一瞬間，沙沙的聲響消失不見了，取而代之的是平穩的流水聲，並有一道淡粉紅色的柔美光線往心臟照射，接著傳來了這樣的訊息：

「你可以和身邊的人一起過得很好。」

★心臟・血液循環的自我照護：將手放在胸口，告訴它：「謝謝你總是站在我這邊。」

★滲透到細胞的下載訊息：「我會和身邊的人一起過得很好。」

給正義感很強的人
來自【腎上腺】的訊息

☑挑戰不公平

☑挑戰欺負弱者的人

☑為了站在正義的一方而挑戰

擁有以上特質的人，你的腎上腺想告訴你：

你是否已經接收到這樣的訊息（症狀／問題）？

◎早上起床後還是很累、下不了床 ◎休息後還是很累

◎喘不過氣 ◎提不起勁

「碰！」地一聲，眼前出現一個物體，看起來很像卡通《湯姆貓與傑利鼠》裡的乳酪，而且有一半以上已經被削掉了。我差點忍不住叫出聲來。

眼前的女學員臉色不太好，看起來很累的樣子。

「我的身體不太好，休息再久還是覺得累，早上下不了床，真的很痛苦。我想差不多該好好處理這個壓力了，所以來找你諮詢。」

「這樣的狀態確實很難下得了床。」我在心裡這麼想。

看來今天諮詢的關鍵，就在那塊被削掉一半的乳酪——呃，我是說女學員的「腎上腺」。於是我馬上試著和腎上腺搭話，但腎上腺的聲音非常微弱，不仔細聽的話，幾乎聽不見。

◆腎上腺：「已經到極限了，戰爭遲遲無法結束。」

在這同時，呈現深咖啡色、虛弱不已的腎上腺仍然不斷被削掉，耳邊還傳來嘎吱嘎吱的尖銳聲響。

◆腎上腺：「幫助弱者。討厭不公不義的事情，總是站在正義的一方。完全不休息。實在累癱了。」

我將腎上腺帶著哭腔的訊息傳達給女學員，她苦笑著說：「公司就是戰場啊。我們公司的制度很老舊，上下關係也很嚴格。手上握有權力的人總是占便宜，下面的人就要幫忙擦屁股，根本就是欺壓弱者的世界。怎麼想都覺得好莫名其妙！」

女學員非常激動，帶著滿腔怒氣。相較之下，她的腎上腺仍然維持著虛弱而疲憊的聲音繼續說。

◆腎上腺：「光是這樣想也沒有用，就算把身體當作燃料燒，也沒有戰鬥的能量，我只會消失殆盡。」

於是我跟女學員一起確認了潛意識的偏見，如下：

「一定要幫助他人。」
「休息是不好的事情。」
「不知道如何享樂。」
「必須幫助弱者。」
「我很無力。」

「完全就是這樣沒錯，沒什麼可反駁的。特別是無力感，我自己很有感覺。」

女學員這麼說完之後，肺部附近就開始躁動。感覺得到肺一直忍耐著不要表現出悲傷的情緒，但這道防波堤似乎就要潰決了。

「方便說說你曾在什麼樣的時候感到無力嗎？」

「小學的時候，我媽媽生病過世了。我常在放學途中摘花送給媽媽，她就會從床上撐起身子來，看起來非常開心。當時我還很小，不知道怎麼幫媽媽，只想得出摘花帶回家給媽媽。其實很多記憶都已經模糊了，只有這件事我記得非常清楚。」

聽到女學員這麼說，腎上腺顯得坐立難安。

◆腎上腺：「她現在幫助很多人喔。你已經夠努力了，不要犧牲自己，拜託。」

女學員的肺部似乎沒這麼焦躁了。聽到我這麼說，她若有所思地回憶著：

「當時的我沒辦法為媽媽做些什麼，這股無力感也是我現在選擇當護理師的原因。雖然不知道這麼做有沒有幫上什麼人，卻支撐著我努力到現在。」

「原來是這樣啊，無力感成為努力的動力。但是啊，你的腎上腺太過疲勞，已經能量不足了。現在應該把好好休息列為最優先考量。」

「其實我媽媽以前也是護理師，總是努力工作，為了照顧別人而犧牲自己。媽媽也一直認為自己不應該休息，結果我們母女都一樣。糟糕，我的妝都花了……」

女學員哭得滿臉是淚，不好意思地笑了出來。背後一道光包覆著她。

我看到那道溫暖的光輕柔包覆著她的腎上腺，接著傳來了這樣的訊息：

「休息一下也無妨喔。」

★腎上腺的自我照護：將手放在腎上腺的位置，告訴它：「休息一下也無妨，謝謝你。」

★滲透到細胞的下載訊息：「我全身充滿力量。」

給爲花粉症所苦的人
來自【淋巴】的訊息

☑受到攻擊而抗爭
☑受到責難而抗爭
☑因為孤獨而抗爭

擁有以上特質的人，你的淋巴想告訴你：

你是否已經接收到這樣的訊息（症狀／問題）？

◎嚴重花粉症 ◎害怕人多的地方 ◎容易緊張 ◎壓力型過敏

「哈啾！」

女學員一開口就打了個噴嚏。「不好意思。」

她每打一個噴嚏，都伴隨著一個「碰！」的爆裂聲響。為了讓這個吵雜的聲音消失，我馬上開始進行諮詢。

「今天來找我是為了什麼事呢？」

「我的花粉症很嚴重，但不想吃藥。朋友介紹我來找你。」

我感覺到她的「聲音來源」，也就是器官，似乎非常緊張，對我帶有敵意。為了不讓對方將我的意識視為異物（敵人），我非常謹慎地與它對話。

◆淋巴：「所有人都是敵人，周圍全都是敵人。我得負起保護的責任，非常辛苦！」

「你的淋巴訴苦說它被攻擊、受到責難。你有這樣的感覺嗎？」

「啊，我隨時都感覺自己受責難啊！哈啾！哎呀，不好意思。」

「你的淋巴正吵得不可開交呢。我們先來確認你的潛意識裡有什麼樣的偏見吧。」

以下就是她的潛意識偏見：

「我受到他人攻擊。」

「我只能孤軍奮戰。」

「樹大招風。」

「我受到責難。」

「我是孤獨的。」

根據女學員的說法，她的狀況是「在公司裡被孤立、受到責難，完全處於孤軍奮戰的狀態」。

◆淋巴：「一直都是孤軍奮戰，真的好辛苦啊，所以用噴嚏來擊退。」

我將淋巴說的話一五一十傳達給女學員，她大叫一聲：「用噴嚏來擊退！」看似非常驚訝。接著她若有所思地將擤鼻涕的面紙堆在一起，過了一會，才慢慢開口說道：

「我隨時都在與孤獨抗爭，真的就是這樣沒錯。小學時我被同學欺負得很慘，從那時候開始，我就很怕人，害怕人多的地方，總覺得大家都在說我的壞話，不太能和人相處。」

說完這些話之後，她的記憶就源源不絕被帶了出來。我看見學校的鞋櫃、教室、老師、同學、媽媽，還有一個女孩孤零零地站著。

肺：「請你撫慰她鞋子被藏起來時的悲傷。」

大腸：「還有大家對她的惡言。」

肝臟：「還有大家對她視而不見所產生的憤怒。」

眼睛：「還有因為受到眾人注目而產生的恐懼。」

心臟：「為了怕爸媽擔心，所以一直把這個祕密藏在心底。你真的很努力。」

將器官說的話一一傳達給女學員時，我看見一道光包圍並安撫著當時的小女孩。過了一會，女學員看起來平靜多了，似乎回想起了什麼。

「看到落寞的孩子，我就無法當作沒看見。我在教育單位工作，工作上會接觸許多孩子，總覺得自己得保護他們才行。原本我也很訝異自己會有這種想法，原來我是**想救當時的自己**。」

「當然這也是有可能的。不過其實大人的一句話常常能幫到小孩，某句話可能就會成為這個孩子長大過程中非常重要的精神支柱。只要感覺身邊有人關心自己，孩子就會變得堅強，而這也會成為他們將來面對挑戰時的勇氣，支撐著孩子們成長。」

「如果是這樣，那我過去就不是白白犧牲了，對嗎？我會提起勇氣，明天找朋友聊聊，我也希望這段過去成為挑戰未來的能量。」

一陣清爽宜人的風鈴聲從她全身傳來。

這時，女學員的噴嚏停了，接著傳來了這樣的訊息：

「擁抱過去的人，是堅強而溫柔的。」

★淋巴的自我照護：輕柔地撫摸心臟到胸腺一帶，告訴它：「我感受到你的保護了，謝謝你。」

★滲透到細胞的下載訊息：「過去的經歷將在此受到撫慰。」「過去的經驗可以轉化爲未來的能量。」

給想太多的人
來自【大腦】的訊息

☑ 想太多
☑ 過度仰賴資訊
☑ 不了解自己的情感

擁有以上特質的人，你的大腦想告訴你：

你是否已經接收到這樣的訊息（症狀／問題）？

◎頭痛 ◎注意力下降 ◎焦慮症 ◎無法停止負面思考 ◎沒有行動力

「不是叫你要想清楚嗎！誰叫你不拿好！走了啦！」

一個小孩失落地看著掉在地上的霜淇淋，他的母親頭也不回往前走。小孩連忙小跑步跟上。

我茫然看著母親偷偷留意著身後孩子腳步聲的模樣，以及孩子彷彿想叫媽媽等他卻說不出口的喉嚨一帶，心裡有股說不出的惆悵。

這一幕在我腦中揮之不去。下一位學員已經快到了，我加快腳步回到工作室。

「每次開始做某件事之前，我都會忍不住想太多，也很常後悔。很多人勸我要相信直覺，但我就是沒辦法。」

這時，響起了一陣電線短路般劈劈啪啪的聲音，讓人覺得很不舒服。我將意識集中在這個聲音上，被帶到了女學員的大腦。

我透過超感官知覺看到她的大腦，裡面是一片漆黑，隱約可見有如仙女棒發出的微弱火光，而整個大腦是硬邦邦的無機質。

◆大腦：「她最喜歡思考了，也很會計較得失或是估算不好的事情，而且啊……」

大腦如連珠炮般發表意見，完全沒有停下來的意思，一句接著一句，就像玩得再久也不會累的小孩。

「想太多的話，應該就不想動了吧。」

「就是啊，我總是忍不住想到不好的那一面，然後就無法繼續往前了。因為不想吃虧，我會忍不住查很多東西，結果訊息太多，又變得無法判斷。我也很不想這樣，但實在戒不掉……」

這位女學員說得沒錯，大腦確實具有**一旦產生負面想法，就像高速列車一樣停不下來**的特性。

接著我們一起確認她的潛意識偏見，如下：

「**一定要考慮仔細才行。**」

「**不能犯錯。**」

「不可以失敗。」

「要有足夠的資訊才能下判斷。」

「事情要做仔細。」

「我非常能理解。從小我就被父母教育『凡事要想仔細』，不允許犯錯或失敗。我不想惹爸媽生氣，所以凡事都會仔細想清楚再做。」

◆大腦：「但小時候是個什麼都不動腦筋的孩子喔，媽媽因此很擔心呢。」

大腦的語氣聽起來像是她的父母，讓我的心情放鬆不少。

這時突然感覺有人在叫我，仔細聆聽發現是女學員的心臟正哼著歌。大腦配合著這個曲調，打開了記憶的相簿，映照出一個天真無邪的小女孩正在玩耍的畫面。

「不知道你記不記得，但我看到你小時候無憂無慮玩耍的畫面。」

「無憂無慮？我嗎？這麼說來，一直到現在，我阿姨還是說我橫衝直撞的。我小時候天不怕、地不怕，什麼地方都敢去，讓媽媽傷透了腦筋。對了，我想起來了！只要我做什麼事之前先想一下，媽媽就會露出欣慰的表情。或許我是想變乖一點，讓媽媽放心吧。」

「看到媽媽放心的樣子，當孩子的也會很開心吧。」

「原來是這樣啊。我還以為自己對事情很無感，因為小孩子都是憑感覺的嘛，現在還這樣也沒問題吧？一想到可以這樣就超開心的！」

「當然可以，這種感覺是你本來就熟悉的啊。現在你已經是大人了，應該不會再橫衝直撞了吧（笑）。**把手放在心臟的位置，問問自己想要怎麼做，就可以感覺到真正的答案了喔。**」

「是啊，因為我現在很懂得藉由思考來蒐集各種資訊嘛（笑）。從今天開始，我會和心臟好好相處。一想到什麼，就馬上採取行動！」

五彩的光向大腦飛散而去。大腦已經從連珠炮似的情緒慢慢降溫，和心臟一起哼起歌來，並傳來這樣的訊息：

「你可以更信任心的聲音。」

★大腦的自我照護：將手放在頭的兩側，溫柔地告訴它：「休息時間。謝謝你。」

★滲透到細胞的下載訊息：「我的未來充滿希望。」

給嚴以律己的人
來自【腎臟】的訊息

☑吐槽別人
☑埋頭苦幹
☑努力不懈

具有以上三種過時價值觀的人，你的腎臟想告訴你：

你是否已經接收到這樣的訊息（症狀／問題）？

◎雙腳容易浮腫 ◎身體虛冷 ◎把自己逼得太緊

女學員穿著整齊的合身套裝，綁著馬尾，和我說話的同時，無意識地揉著小腿，露出痛苦的表情。

「我是售貨員，雙腳很容易水腫，到了傍晚就會腫脹不已，實在好痛苦，不知如何是好。穿鞋子穿得腳好痛，恨不得把鞋子脫了。我有控制水分攝取，但沒有改善。這跟潛意識有關係嗎？」

正當我打算將意識集中在女學員的小腿時，發現腎臟對我招手說：「這邊、這邊！」我用超感官知覺看了看腎臟，發現腎臟呈現深褐色，並且傳來水龍頭漏水般滴答滴答的聲音，聽起來心情很低落的樣子。

◆腎臟：「她非常努力，是對自己很嚴格的完美主義者，非常拚。」

我將腎臟的訊息傳遞給她。她正拿著面紙仔細擦拭杯底的小水滴，一聽到我這麼說，突然停下動作，看起來很驚訝。

「我確實有完美主義的一面，卻也常常犯錯，在公司常被主管罵。不論怎麼努力，表現還是不如比我晚進公司的人，總覺得自己很糟，心情很差。」

於是我和她一起確認潛意識的偏見，如下：

「我必須非常完美。」

「不努力不行。」

「一定要不斷努力。」

「我就是很遜。」

「真的好準喔，太誇張了。我有一個姊姊，長得又高又漂亮，性格開朗，運動和學業都很優秀。而我卻那麼矮，跑不快又不會讀書（笑）。姊姊不管走到哪裡都是人氣王，但我從小到大什麼都不會。」

腎臟帶出了她的記憶。

學校的運動會裡有一群人聚在一起，人群正中央有個女孩子拿著獎狀，胸前的獎牌閃閃發光。往旁邊一看，還有一個女孩子站在不遠的角落裡，失落地看著這一切。

我再看了看面前的女學員，她呆呆望著桌上的某個角落，表情和剛才畫面裡的小女孩一模一樣。

「我真的很糟糕，但我總以為只要自己夠努力，就不會和姊姊差太多了吧，所以才一直那麼努力。這樣或許就可以獲得爸爸媽媽稱讚，也能讓他們在鄰居之間以我為榮……但結果完全不是這樣。」

腎臟帶出了另一段回憶。

學校園遊會的攤位前，有一個賣炒麵的女孩，臉上露出開心的笑容。她的背後隱約有一個大人，看起來應該是女孩的媽媽。

「這個問題聽起來很不相干，請問你曾經在園遊會賣過炒麵嗎？」

女學員一瞬間愣住了，想了一會，馬上就回答：

「對了，是我高中的時候，我們班的攤位有賣炒麵！」

「那時媽媽有到學校嗎？」

「後來我聽爸爸提起，媽媽有到學校看我。聽說媽媽回家後開心地跟爸爸說，因為我笑臉迎人，炒麵才會賣得那麼好，好像很以我為榮。聽到爸爸這麼說，我才覺得自己終於得到大人的認同，而且媽媽還因此那麼開心，讓我高興極了。我媽媽已經過世了，不過我會選擇販售員的工作，或許就是因為笑容獲得媽媽稱讚吧。」

女學員的聲音有些顫抖。她說話的同時，我看見她過去累積的寂寞與悲傷漸漸被安撫。腎臟的聲音也變得柔和，被綠色的茂密森林之光包圍。

「因為覺得自己沒用，所以你一路走來這麼努力、認真，真的很了不起。**以後不要再否定自己、不要再這麼拚了**。多保持笑容，因為笑容才是全世界公認的最佳個性喔。」

「好開心！我以前一直跟別人比，卻忘了最重要的東西。我有自己的優點，現在我打從心底這樣覺得。謝謝你。」

腎臟傳來了訊息：**「過去的一切努力將成為照亮未來的星星。」**

★腎臟的自我照護：將手放在腎臟的位置，輕輕撫摸，告訴它：「放鬆一點，謝謝你。」

★滲透到細胞的下載訊息：「我知道自己的才能和可能性。」

給總是擔任聆聽者的人
來自【耳朵】的訊息

☑ 聽不見
☑ 不想聽
☑ 不想說給別人聽

擁有以上「拒絕」特質的人，你的耳朵想告訴你：

你是否已經接收到這樣的訊息（症狀／問題）？

◎耳朵聽不清楚 ◎耳鳴 ◎聽到別人抱怨或說閒話會很失望

某天，我到辦公商圈的咖啡廳吃午餐。附近位置坐了幾位女性，聊天聊得正起勁。我聽了一下她們的聊天內容，大約七成是抱怨，三成是吹捧自己。

這時，我發現視線可及範圍內的最右側，有位女性只是聽著其他人說話。她默默聽著朋友間的談話，看起來像是快要睡著了。同時，她的喉嚨彷彿錯過了起身離開的機會，顯得十分意氣消沉。

「看起來真辛苦。」我在心裡這樣想著，離開了咖啡廳。

時間已近傍晚，下一個諮詢者是今天最後一位學員。

對方開門走進來的時候，大腦告訴我，我見過這個人。我稍微回想了一下，但時間序列十分紊亂，銜接不起來。引導女學員入座時，我已經完全忘了這件事，隨即進入諮詢。

這時，我聽見「喀拉喀拉，碰！」的聲音，像是關閉鐵捲門的巨大聲響。繼續聊的時候，又聽見了「碰！」一聲。

「不想聽了，不要再說了！」

我想確認這個聲音從哪裡來的，於是用超感官知覺開始尋找，同時女學員繼續說道：

「很久之前開始，我的耳朵就不太好。」

那一瞬間，我大腦裡的突觸倏地動了起來，終於和中午用餐時的場景連接起來了。我心想：「啊！她就是當時那個女性，實在是太巧了！」這時，又聽到更巨大的聲音。

◆耳朵：「都是我不想聽的，不要再說了。」

我告訴這位女學員，她的潛意識裡有以下的偏見：

「要耐著性子聽別人說話。」

「不能拒絕。」

「要聽對方把話說完。」

「我發現自己總是擔任聆聽者的角色。不知道為什麼，總覺得一定要聽別人說。」

女學員的耳朵帶出記憶，我看見一個小女孩正在仔細聽媽媽說話。

◆耳朵：「如果不聽媽媽說話，媽媽就好可憐喔。從小就一直這樣。」

「剛才你說自己都是聆聽者，小時候你最常聽誰說話呢？」

「我常聽我媽媽說話，她幾乎每天都會跟我抱怨爸爸。因為沒有其他訴苦對象，所以如果我不聽，媽媽就好可憐。」

「原來是這樣，你的耳朵也是這麼說的。」

「小時候爸爸常常不在家，媽媽懷疑他外面有女人。我常擔心自己會被他們拋棄，最後孤單一個人。」

◆耳朵：「因為你的心地很善良啊，但是這樣太忍耐了。可以拒絕沒關係喔，媽

媽很堅強的。」

我將耳朵的訊息傳遞給女學員，她聽完開心地點了點頭。

「我個性內向，不擅長與人往來，又很怕生。我對自己沒有自信，甚至不確定媽媽是不是愛我。但如果我聽媽媽發牢騷，感覺她就會依賴我，讓我覺得自己是個有用的人。和媽媽在一起，比和朋友在一起自在多了，或許我太依賴媽媽了吧。聽到耳朵這麼說，我也覺得就是這樣。媽媽現在還是常說爸爸的壞話，但他們沒有分開，所以應該沒有什麼問題吧（笑）。」

「善解人意非常重要，不過你可以試試十次裡拒絕三次看看，相信這樣耳朵的狀況就會有所改善喔。」

「其實今天我也當了前輩的垃圾桶，實在拒絕不了（笑）。或許那位前輩就像當時的媽媽一樣吧。我決定以後不委屈自己了，十次裡要拒絕三次看看！」

原本緊閉的耳膜在這時慢慢打開，鬆了一口氣的聽小骨也開心地奏起和弦，接著耳朵傳來這樣的訊息：**「你可以展開羽翼自由翱翔。」**

★耳朵的自我照護：雙手包覆耳朵，輕柔地告訴它：「放心聽吧，謝謝你。」

★滲透到細胞的下載訊息：「我可以聆聽愉悅而舒服的聲音。」

給頻尿的人
來自【膀胱】的訊息

☑不能給人看

☑不能表現出來

☑不忍耐不行

擁有以上特質的人，你的膀胱想告訴你：

你是否已經接收到這樣的訊息（症狀／問題）？

◎半夜常跑廁所 ◎頻尿 ◎膀胱炎 ◎常常不自覺扮演好人

「奇怪，聲音明明就是從這裡傳出來的啊。」

我聽見一陣刺耳的「沙沙沙」聲和「喀嚓」聲，卻一直找不到聲音來源，迷失了方向。就在這個時候，一個小到幾乎聽不見的微弱聲音從尿道附近傳來。

「我躲得很快，找不到我吧？」

我試著重新將意識集中在「我躲得很快」這句話上。

我用超感官知覺看了看膀胱附近，剛才的刺耳聲音越來越大聲。那個位置確實是膀胱沒錯，但超感官的視覺裡卻什麼都看不見。

當然不是每個人都這樣，不過有時候就是會遇到某些器官躲起來。器官躲起來是有意義的，與它們對話的時候必須謹慎觀察其個性才行。

◆膀胱：「不要找到我！不要再靠近了！」

膀胱的語氣十分強硬，卻帶著一絲感傷。我繃緊神經，膀胱卻像隱身了似地，無聲無息。為了找到搭話的切入點，我決定先不管器官，直接和女學員對話。

「有感覺身體哪個地方不舒服嗎？」

「身體嗎？我沒有什麼病，也不會頭痛……不好意思，可以借一下廁所嗎？剛剛匆匆忙忙的，沒來得及去廁所。」

我微笑回答「當然沒問題」，女學員有些不好意思地起身離開。上完廁所、回到座位之後，她告訴我：

「你問我哪裡不舒服，我剛剛想起之前得了好幾次膀胱炎。現在已經好了，不過總覺得有點頻尿。」

「是嗎？謝謝你告訴我，這說不定會成為今天諮詢的關鍵。我想先跟你確認一下潛意識的偏見。」

以下就是我和她一起確認的潛意識偏見：

「不能表現憤怒。」

「必須壓抑感情。」

「不能讓人看到不好的情緒。」

「一定要忍耐。」

◆膀胱：「因為一直被要求忍耐，才那麼生氣，但又不會說好聽話，所以選擇不說。」

膀胱終於開口了。它帶出記憶，讓我看見在學校教室裡低著頭站在大家面前的樣子。

「小時候我很怕在大家面前說話，不知道怎麼把心裡想的事說出來。現在回想起來，爸爸媽媽雖然也很替我擔心，但對我的管教還是非常嚴格。我沒辦法和其他小孩一樣優秀，又不知道怎麼開口說話。好不容易說出口了，卻常說些不得體、奇怪的話……所以又惹對方生氣，我真的很討厭這樣。」

「膀胱說它一直被要求忍耐所以才生氣，好像真的很氣喔（笑）。」

「我懂！它一定很生氣（笑）。身邊的人常常聽不懂我說的話，大家都把我當外星人看待。然後我就會想，還是不要說好了。但這樣真的好痛苦……後來我

第3章

／

讓潛意識升級並實現願望

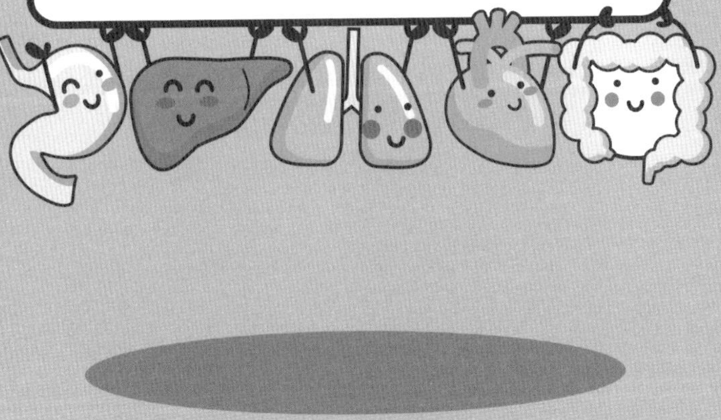

升級前的必要任務：覺察未消化的情緒

上一章說明了藉由聆聽器官的聲音，使潛意識升級的方法，這一章要介紹的是人生升級時最重要的幾件事。

首先來聊聊，想要釐清潛意識的偏見時，必須先了解自己的哪些「情緒」。

當我試圖聆聽學員體內的器官，讓它們告訴我這個人有什麼樣的潛意識偏見時，有時他們的身體會發出噪音，使我聽不清楚。

如果不先處理這些噪音，即使進入學員的內部，我的意識還是不得其門而入，就好像被一扇不會開啟的自動門擋在門外。

剛開始，我無法理解為什麼會這樣。

某天，正當我嘗試聆聽某位學員的潛意識偏見時，突然聽見了這樣的聲音。

「必須先安撫。」

突如其來的聲音，讓我嚇了一跳，集中注意力之後發現，這個柔和的聲音來自心臟。

「他需要先得到安撫。」

原來是心臟不忍心看我不得要領，所以偷偷告訴我，確認潛意識的偏見之前，必須優先處理某種能量。

而必須獲得安撫的能量，就是還沒來得及消化、留在器官之中的「情緒」。

許多人對情緒有誤解，其實情緒是一種中立的能量。

因此，並沒有所謂的正面情緒或負面情緒。

大家看看嬰兒就知道了。嬰兒會生氣、會哭、會笑，情緒表達非常豐富，不過嬰兒並不會定義這些情緒。

直到被大人糾正，嬰兒才知道情緒還分好和不好，從此才學會分辨**「這是負面情緒，是不好的」或「這是正面情緒，是好的」**。

器官會儲存這些情緒能量，將情緒「記憶」下來。

其中當然包含幸福、喜悅等一般定義為正面情緒的能量。

但被器官記住更多的，是憤怒、悲傷等一般定義為負面情緒的能量。

那是因為當我們不斷回想某些令人感到不舒服的事件時，就會一併回想起和這些事件串連在一起的憤怒和悲傷等情緒。

因此，一般定義為負面的情緒更容易對我們的人生產生影響。

尤其是活得很辛苦的人有一個共同特徵：大部分都有壓抑情緒的習慣。而活出自我的人幾乎沒有煩惱，會將情緒自然表現（發洩）出來。

所以**越是會壓抑情緒的人，就越需要覺察自己是否帶有負面情緒，並且安撫這些情緒**。

如此一來，就能解除壓抑，也才能聽見潛意識偏見的訊息。當壓抑的情緒受到安撫，胸口那種說不出的煩躁感就會消失，不再覺得活得很辛苦。

這就是讓人生升級、活出自我的祕訣。

每個器官負責不同情緒，肝負責「憤怒」、肺負責「悲傷」等

進行個別諮詢時，我發現許多人習慣將情緒分類。

許多人其實帶著憤怒、絕望、焦慮、悲傷、恐懼、厭惡或寂寞等各種不同情緒，卻「否認」這些情緒的存在。

這就好像一只沸騰的鍋子，鍋子裡的焦慮和憤怒滾個不停，我們卻強行用鍋蓋壓下一樣。

有些人壓不住，就會整鍋爆開。

例如平時個性沉著，但一生氣就停不下來；面對姿態比自己低的人（例如商家的店員）或自認姿態比對方高的時候，就會口出惡言，藉以宣洩情緒；看起來很穩重，喝了酒就會忍不住暴怒或爆粗口——這樣的行為不是酒精引起的，而是

酒精刺激了腦部的神經迴路，因此掀開了平常壓抑的情緒蓋子。

也有些人雖然不生氣，卻因此斬斷多年來與他人建立的關係。

不管是哪一種狀況，對自己、對他人，都不是件好事。

對自己的情緒漠不關心，會對器官造成負擔。

而且其實每個器官都有各自負責接收的情緒。

例如肝臟負責接收憤怒和寂寞，肺臟負責悲傷、罪惡感和孤獨感。

子宮和皮膚負責罪惡感，腎臟負責憤慨，膀胱則會記住很久以前的憤怒。

越是忍受悲傷，越會削減肺臟原本具備的喜悅。並不是不能悲傷，只是如果持續不斷忍受悲傷，只會使這種情緒深深地烙印在細胞之中，使器官因此失衡。

而且這些情緒累積太多的話，甚至會影響到其他器官，以至整個身體。

因此，如果肝臟累積的憤怒多到滿溢，不只肝臟會受影響，全身都有可能因此當機呢。

「黑心」「內心清澈澄明」到底是什麼意思？

其實「黑心、內心醜陋」的人，並不是帶有負面情緒，而是會壓抑自己的情緒，不斷告訴自己「不可以有感覺」「不可以這樣想」。

而**「內心清澈澄明」的人，則是願意坦然面對負面情緒**。也就是說，感受到某種情緒的時候，不要往心裡去，就能活得比較輕鬆自在（活出自我）。

讀到這裡，相信大家已經知道了。

對情緒漠不關心，就是無法發揮自我的最主要原因。

隨時關心各種情緒，也就是關心自己的內心。

如此一來，我們的心臟就會感到喜悅，讓愛充滿全身。

情緒和電腦的 Delete 鍵不同，無法只靠一個動作就簡單消除。

將潛意識「神社化」進而實現願望的方法

接下來為各位介紹使潛意識升級、實現願望的祕訣。

最近各種神社的相關書籍非常風行，也有越來越多人到神社參拜。

我也有幾個特別喜愛的神社，每次造訪時都覺得心靈受到洗滌、渾身舒暢。

但其實距離最近的神社，就是「自己的內心」。

能夠以最快速度將你引導到幸福的，就是距離你最近的神社，也就是「你的潛意識」。

不用專程出門，也能隨時參拜。

而且**潛意識還是與我們最親近的神聖場域，願意傾聽我們的願望、潔淨我們的人生，使我們身心舒暢**。我們當然要在這裡參拜。

據說許多成功人士都會到神社參拜，這些人也非常清楚潛意識的重要性，懂得善用看不見的意識與看得見的行動力。

該何時參拜呢？各位不妨多多運用「意識恍惚時刻」。

第二章也介紹過，**意識恍惚時刻是指「快要睡著之際」「泡澡放鬆的時候」「早上剛起床還沒有完全醒來的時候」「接觸大自然的時候」，還有「最能夠放鬆的時候」**。

潛意識占意識的九七％，非常靈驗。

而參拜方法就如同第二章所介紹，就是**聆聽器官的聲音，使潛意識升級**。光是這麼做，就是非常完整、可以作為日課的參拜了。

將實現願望的「五樣供品」供奉給潛意識

接下來為各位介紹實現願望的具體方法。要特別留意的是，願望的內容必須與自己相關。

首先將想要實現的願望寫在「繪馬」上。

這裡所說的「寫在繪馬上」，是指將自己的腦子當作繪馬，於恍惚時刻在腦中想像願望的內容。

重點在於想像「願望實現後」的狀態。

想像所有願望都實現之後，接下來想像「開心的表情」。

各位可以預想一下，當你實現願望、笑容滿溢的時候有什麼樣的情緒（例如開心、幸福感、安全感等），然後「感受」這樣的狀態。

接著，想像一下身邊的人也笑得很開心的樣子。

下一個動作非常重要：

如果這個願望實現，接下來你會做些什麼？

重點在於將願望當成「中繼站」。

請將意識延伸到願望實現之後的世界。

看到這裡，我來為各位整理一下。

「願望實現後的狀態」＋「自己開心的表情」＋「感受」＋「身邊的人開心

的表情」＋「願望實現之後的世界」，就是本章所說的五樣供品。這一整套供品將會成為供奉在潛意識裡的繪馬。

在這之後，要盡可能將願望實現後的「感受」，在恍惚時刻「下載到身體的細胞之中」。

當我們持續下載，這些「感受」就會慢慢滲透到身體的細胞，最後根深柢固於潛意識之中。大家平時不妨抱著愉悅的心情多多嘗試。

如果產生「擔心願望能否實現」的念頭，就馬上停下來。因為我們已經供奉繪馬，接下來的事就順其自然，將潛意識抽離這些願望吧。

完成上述的動作後，接下來要將下載於身體細胞之中的「感受」，**有意識地在日常生活中產出**。

如果你的願望是「創業並成功」，而願望實現之後的感受是「幸福感」，那麼就要先**找出日常生活中有哪些場景會產生與幸福感類似的感覺**。

如果你做菜給家人吃，看著家人吃得津津有味就會產生幸福感，請有意識地仔細品味一下這樣的時刻。

或是每天早上喝杯咖啡能讓你產生幸福感，那麼就有意識地增加這樣的機會並仔細品味。

要特別留意的是，必須是「日常生活中容易重現」的事。

每次我舉行這個主題的講座時，都會有學員提到「旅行」。旅行當然很開心沒有錯，但應該沒有人能每天去旅行吧。

這裡要鎖定的是，**從「願望」這個意識，升級到「願望實現是理所當然的」這樣的意識。**

這就是為什麼要多運用每天可以輕鬆取得的體驗。

願望實現之後會帶來什麼煩惱？

接下來介紹向潛意識神社祈求願望實現的「進階版」。

這個方法比較困難，但效果也相對比較好。

那就是，**找出實現願望的阻力，亦即阻礙願望實現的「偏見」**。

對潛意識來說，當我們想著希望實現願望的時候，其實是建立在「願望沒有實現」的前提下。

因為沒有實現，所以希望能夠實現。

另一方面，我們也可以這麼解釋：

並不是沒有實現，只是我們還未使願望實現。我們本來就具有實現願望的能力，潛意識裡的偏見卻讓我們未能使願望實現。

例如有個人許下了「自行創業並成功」的願望，但別說成功了，甚至連自行創業都沒辦法實現。

這時他或許會忍不住思考無法創業的各種因素，例如家人反對、找不到適合的地點、沒存夠錢等，總是把錯怪到別人身上。

但其實許多人都是因為潛意識裡早就存在著「創業的話就沒時間陪家人」「成功會招忌」這類偏見，在阻礙創業的念頭。

請捫心自問：

「假如這個願望實現，會為我帶來什麼樣的煩惱？」

剛開始進行這個練習時，或許很多人會想：「願望實現當然很開心啊！」或是，「怎麼會有煩惱！」

但事實上願望實現真的會帶來一些煩惱，只是我們還沒覺察罷了。請仔細想，想通了之後，**就會發現原來自己只是對還沒發生的事情懷抱不安**。

沒錯，我們只是假設未來可能會發生這樣的事，**千萬別被自己的大腦給騙了**。現在就告訴你的大腦「想那麼多也沒用」，一笑置之，馬上覺悟並採取行動吧。

與身體更加親近的「接觸對話法」

當你讀著這本書，手指進行翻頁的動作時，**接觸紙張的器官「皮膚」其實正努力地想告訴你一件事**。

「有一個方法可以讓你跟身體變成好朋友，想不想知道啊？」

聽起來根本就是某種促銷活動的廣告詞嘛（笑）。看來皮膚迫不及待想要告訴你如何溝通。

在一般狀況下，我們的溝通方法是語言。

所以當我們和某人說話，對方卻遲遲沒有透過語言回答時，就會焦急地想：「他有聽到嗎？」

但其實世界上存在著語言以外的各種溝通方式，例如音樂，就算聽不懂某種語言，也可以藉由音樂感受到彼此心意相通。還有跨越國界的運動，也能讓不同語言的人自然地進行交流與溝通。

那麼人體的器官呢？器官具有生命及意識，當你專注其上時，器官就會努力地回應你。

而且其實我們可以透過某些方法跟器官對話。

我將這個方法稱為「**接觸對話**」。**藉由接觸，雙方就可以互相理解並進行對話**。

例如握手，透過這個簡單的動作，我們就能感覺到對方的溫度，從這個動作中感覺到這個人似乎是個好人，或是並不友善。

除了手部的接觸，擁抱也能帶來相同的感覺。或是有養寵物的人，撫摸寵物時就是與寵物溝通的時間。

這些溝通都是藉由彼此的細胞進行接觸而產生。

各位或許很難想像，但其實**握手這個動作可以讀取對方的**ＤＮＡ**訊息**。那是因為器官的細胞之間也可以進行對話，就像器官之間會互相對話一樣。

習慣了這樣的溝通方式後，我們就可以在握手時讀取對方在想什麼，也可以藉由接觸得知潛意識之中有什麼樣的偏見。

只是觸摸寵物，就可以知道寵物的身體狀況、現在的心情如何，是不是很有趣呢？

簡直媲美神之手！「接觸對話」讓你擁有美麗的肌膚與頭髮

我認為人的手根本就是「神之手」。

手可以和人心意相通，還可以與自己的器官和細胞對話，使器官和細胞恢復元氣。

希望各位也可以藉由「神之手」，和自己的器官與細胞進行「接觸對話」。**進行對話可以使我們的心情變得開朗，而器官和細胞也可以藉由對話獲得活化。**

接下來介紹的美容法就是藉由「接觸對話」，不用花錢就能變美，說不定會因此震撼美容業界喔（笑）。

使肌膚柔嫩

每天洗臉時，一邊輕撫肌膚，一邊對肌膚說：「你看起來總是容光煥發，謝謝你。」不管是直接說出口或在心裡默念都可以。如果在化妝的時候，也能一邊輕撫肌膚，一邊傳達自己的感謝，更是效果加倍。

很多人都藉由這個方法使肌膚變得更柔嫩，皮膚變得比以前更白皙。現在就開始從手部發射「感謝的信號波」，讓感謝滲透進細胞深處吧。

打造天使光圈

若想讓頭髮有光澤、散發天使光圈，不能只靠梳子梳頭，還要「用手梳」。**用手梳頭，並在接觸頭髮時，對頭髮及髮根說出心裡對它們的感謝，像是「謝謝你」「要變亮喔」**。

除了頭髮之外，也別忘記對頭皮說說話喔。

全身嚴重燙傷後奇蹟似恢復的皮膚

我實行上述方法好幾十年了。

因為非常容易，就連怕麻煩的我也能輕鬆持續下去。

重點在於不能對皮膚說出「這些皺紋快給我消失不見！」這種語帶威脅的話。

請大家用溫和的語氣與皮膚說話，就像對自己最愛的人一樣。

我曾經在小學一年級時遭受嚴重燙傷。

嚴重到除了眼睛、鼻子、嘴巴之外，全身包滿了繃帶。

拆下繃帶後，第一次照鏡子的那一瞬間，我完全不敢相信自己的眼睛，心想：「這個人是誰？」雖然當時年紀還小，但我看著鏡中截然不同的臉，真心覺得女生被燙成這樣，這輩子應該完蛋了吧。

不但皮膚的顏色變得完全不一樣，甚至到處都是脫皮，真的非常慘烈。當時醫生也告訴我父母，我將來會留疤。

關於燙傷這件事其實有好多故事，但結果就是後來燙傷居然奇蹟似地好轉了。

現在回想起來，從那一天開始媽媽就不讓我照鏡子（親眼看見燙傷就等於認知到燙傷疤痕「存在」）。而且我當時脖子上掛著外公生前送給我的護身符，結果只有前胸逃過一劫，因此我每天告訴自己：「外公在保護我，絕對會好起來的。」才能奇蹟似地恢復健康吧。

當時我就暗自發誓，**以後不管發生什麼事情，都要感謝我的皮膚**。

不知道是不是因為燙傷的關係，我的膚質一直很差，年輕愛漂亮的時候，幾乎所有化妝品都會讓我過敏，甚至連口紅都沒辦法塗。

不可思議的是，就算沒辦法塗口紅、長痘痘或是皮膚乾燥，我都沒有對皮膚表達不滿，反而覺得皮膚的一切都很美好，心懷感恩。

而且一直到現在，還是有人稱讚我的皮膚。**或許就是因為我從來不抱怨皮膚，**

總是對皮膚表達感謝之意吧。

以上是日常照護皮膚及頭髮的方法，同樣的，我們也可以和其他器官說話。**對於「神之手」無法觸摸到的器官，可以把手輕輕放在器官的相對位置上，並對它說話，就能得到一樣的效果。**

這樣的照護方式可以活化細胞。細胞活化之後，免疫力自然也會提升，使身體內部得到很好的協調。

這樣的波動會對人際關係帶來好的影響，不但會活得比較自在，也能為你的人生帶來喜悅與和諧。

建議各位盡量多說一些器官喜歡聽的話，不斷與器官對話。

不開心的記憶深處，隱藏著「幸福記憶」

我們的大腦會清楚記得過去令人不舒服的事情，而經常忘記開心的事。

而且因為不開心的事情很容易回想起來，所以每次回想起這些記憶時，就又在腦中加強了一次「那時候真的很不愉快」的情緒。

每次儲存記憶時，不開心的事情就會不斷被強調，最後甚至會被扭曲。

那麼，開心的回憶跑到哪裡去了？照理說開心的回憶也跟不開心的回憶一樣會被我們記住才對啊。

開心的回憶、感覺幸福的記憶，其實很多都隱藏在不開心的記憶深處。

觀察過那麼多人的器官之後，我發現了一個法則。

那就是當一個人聊起不開心的回憶時，與記憶一致的影像看起來會非常鮮明、顏色非常濃。這個時候也能同時看見開心的影像，但是開心的影像**被壓在不開心的回憶下層，看起來像海市蜃樓般左右搖晃，但就是不會出現在上層**。

每個人的狀況不一樣，也有些人的影像看起來是半透明的，彷彿從沒發生。

舉一個例子與大家分享。某位第一次前來諮詢的女學員告訴我，從小她父親就只顧著工作，完全不管家裡，回到家也只會罵人，所以她很討厭父親。

我看了看充滿憤怒的肝臟，清楚看見她的父親暴怒、母親哭泣的畫面，以及小女孩害怕地蜷縮成一團的樣子。那個景象的顏色十分鮮豔。

但同時，我也看見**影像的角落裡有一個非常淡的人影，淡到一不小心就會忽略掉的程度**。

後來這位女學員又來了幾次。在幫助她提升潛意識偏見的過程中，原本色彩鮮豔、清晰的影像產生了變化，開始變得不那麼強烈，器官發出的聲音也變得較為溫和。

緊接著，角落裡若隱若現的記憶，開始顯現出清晰的輪廓。

我看見小女孩開心地拿起桌上的點心，這樣的畫面不斷重複出現。

於是我詢問肝臟可不可以把這件事說出來。獲得同意之後，我將桌上放著點心的畫面告訴女學員。她沉思了一會後，「啊」地叫了一聲，像是想起了什麼。

「小時候，早上起床常常會看到桌上放著點心。媽媽說不是她放的，所以應該是爸爸放的吧。我一直以為是爸爸把公司吃剩的點心帶回家來，但現在仔細想想，公司應該不會有小朋友喜愛的卡通人物包裝的點心吧。」

女學員說完後，深吸了一口氣並閉上雙眼。這時，她全身上下傳來一陣悅耳而清脆的鈴聲。

為潛意識偏見升級時，很多人會像這樣慢慢回想起幸福的回憶。

只要回想，就能重新載入幸福的感受。

重新載入小小的幸福，就會產生新的幸福！

接下來介紹另一個方法，讓大家有意識地找出日常生活中曾經發生的微小幸福記憶，並**斬斷消極的想法**。

相信許多人都會不自覺將人生中的重大節慶視為幸福，卻將日常生活中發生的小事視為理所當然，也經常依照事情的規模大小來判斷幸福的程度。

但其實，許多幸福就來自一些**小到不好意思說出口、微不足道的事情之中**。

只要能發現（回想起）潛藏於理所當然之中的小確幸，身體裡的幸福感就能大大提升。

我小時候的小確幸就是「貓咪探險」。

雖然隊員只有我一個，但我仍自稱探險隊，一整天跟在貓咪的屁股後面。

我實在太想模仿貓咪優雅走在圍牆上的動作了，所以就爬上圍牆，跟著貓咪走了一段（中途還掉下來磨破膝蓋）。有時候我會像貓咪一樣鑽進屋簷，弄得滿頭蜘蛛網。看見貓咪優雅地走在房子與圍牆之間的縫隙，我也跟著走進去，結果中途就被卡住出不去，只好請路過的男生把我拉出來。

像這種哭笑不得的失敗經驗，說也說不完，但對我來說都是可以感覺幸福的回憶。**每次回想起當時的幸福感受，我的細胞就會變得活潑，身心靈都感受到一陣溫暖。**

相信每個人都有類似這種讓自己感到幸福或開心的回憶。身體的細胞會記得當時的感受。

回想這些事的時候，身體就能再一次喚醒幸福的感受，**也就可以簡單地「重新載入」曾經體驗過的那種感覺。**

回想幸福感受的過程中，可以接收這種幸福感的細胞受體（接收器）就會越練越強。

如此一來，會刺激體內的荷爾蒙活化，甚至影響肉眼看得見的現實世界，在現實中也發生讓你產生相同幸福感受的事情。

這個方法最特別的地方在於「重新載入自己曾經體驗過的感受」。

如果要想像未曾發生的事情，難度會比較高。但既然是自己曾經體驗過的，而且是小小的幸福感受，回想起來就容易多了。

回想幸福感受時，如果你忍不住嘴角上揚，就表示下載成功了。「回想，並

露出笑容」，簡單的幾個動作，相信大家都能輕易做到。

想要美好的戀愛經驗，就交給「最強戀愛四重奏」吧！

許多學員為了兩性關係來找我諮詢時，會提到這樣的話。

「真是一段孽緣，好想早點跟他分手。」

「我一定要變成好女人，讓他後悔甩了我！」

如果想要遇到真命天子、想談一場好戀愛，請大家一定要跟四個器官好好相處。

這四個被我稱為「最強戀愛四重奏」的器官是皮膚、子宮、肝臟和眼睛。

潛意識升級之後，整個人就會散發出比之前更強的光芒。

接下來只要繼續提升「最強戀愛四重奏」的四個器官，散發出來的光芒更會多到超乎想像。

接著就會自然而然對不適合的對象失去興趣，被甩後打算報復的心情也會一掃而空。心情豁然開朗之後，就會遇見最適合的人。

在過去的經驗中，許多人為子宮和皮膚的潛意識偏見升級之後，**對服裝的顏色或喜好也產生了變化**。

有些人本來只穿正經八百的襯衫，轉為喜歡優雅風格。或是幾十年來只穿褲裝的人，突然開始穿長裙。也有一些原本只穿冷色系服裝的學員，開始嘗試暖色系，願意穿搭更多不同風格的服裝。還有許多人的頭髮變得更有光澤、願意嘗試新髮型，或是改變化妝的風格等。

在學員出現類似的變化後，我觀察這些人的器官有什麼樣的改變，發現原本累積不少怒氣的肝臟受到很好的撫慰。

由於肝臟恢復了以往的活力，連帶提升了緊緻皮膚的效果，有些人臉上的斑也會變淡。

此外，肝臟和眼睛有密切的關係。**肝臟變年輕之後，彷彿摘下了原來的有色**

眼鏡，更能看到事物原本的樣貌，所以看男人的眼光也會變得不一樣。

因為這組四重奏的音色變得非常協調，原本不擅長與男性相處的人也會逐漸卸下這種「不擅長」的意識，開始產生「談談戀愛好像也不錯」的感覺。

另一方面，原本對男性設下較多嚴苛條件的人，則會摘下「世界上沒有好男人」的有色眼鏡，突然意外地發現（笑）「或許這世上真的有好人」，從此視野變得更開闊。

還有些人的視線之前被遮蔽，後來才發現本來自己不屑一顧的那個男人，居然是自己的真命天子。

也就是說，**喜好改變會開啟新的可能性，讓人進入另一個平行時空。**

而且，我們甚至可以讓這組「最強戀愛四重奏」更加提升！

在恍惚時刻或睡前的半睡半醒狀態中，進行三次深呼吸，在心裡緩緩說出以下幾句話。

對子宮說：「我已經準備好要談戀愛了，謝謝你。」

對肝臟說：「我可以用最自然的樣貌存在，謝謝你。」
對眼睛說：「我將會看見所愛的人散發出光芒，謝謝你。」
對全身的皮膚說：「我會綻放出最完美的光芒，謝謝你。」
每天都在心裡默念以上幾個句子，然後進入睡眠。
記得保持心情愉悅，以舒適、放鬆的狀態進入夢鄉。

不要再勉強自己減重了！如何達到適當體重？

相信大部分的人都希望擁有模特兒的纖瘦身材。
但如果我們對胃、大腸、小腸等器官說「我很在意自己太胖」，應該所有器官都會擺出一副事不關己的表情吧。

器官會根據兩件事情來判斷一個人的體重是否適中：

「是否掌握適當的進食量」和「吃進去的東西是否消化、吸收」。

只要記住這兩點就沒問題。

器官最在意的並不是只重視外表的「美容體重」或「灰姑娘體重」，而是這個人是否有適當的進食量、是否具備適當體重這兩件事。

許多順利提升潛意識的學員給我以下的回饋。

「現在幾乎不吃垃圾食物了」「以前我超愛吃甜食，吃超多，但現在吃少少就非常滿足」「現在吃了也不會變胖，所以營養吸收變好了，體重也很剛好」「以前我很不愛喝水，現在變得喜歡喝水」「現在只要簡單調味就能讓我吃得很滿足」「現在已經不會衝動購物、不會囤東西了」。

這些學員之間有一個共通點，就是**潛意識裡會懂得什麼樣的量對自己來說是恰當的，所以吃的食物和進食的方法也自然出現變化**。

也因此自然而然能感受到減重的效果，開始想要運動；體重過輕的人，則慢慢增加為正常的體重。

法。

如果你想知道最適當的飲食量、想要達到適當體重，請務必試試以下這個方法。

在每一次用餐或購物之前，閉上眼睛，重複以下的句子三次：

「我知道身體需要什麼麼樣的食材、什麼樣的分量叫作適當。」

在心裡默念，並想像身體變輕盈、活動自如的樣子。

接下來，就盡情享受眼前的食物或購物。

記得保持愉悅的心情並持續實行。一段時間之後，就算不說出這句話，也會記住對身體來說必要的食材與適當的分量喔。

其實我們正受到最討厭的「脂肪」保護

在全身的器官之中，大家最討厭的應該就是「脂肪器官」了吧。

「什麼？脂肪是一種器官？」

你的腦中應該已經冒出這樣的疑問。在過去的認知當中，確實很多人都認為脂肪只是一整塊油脂的統稱而已。

但我可以與脂肪對話，因為脂肪也是細胞，我認為將脂肪細胞集結而成的形體視為器官才自然。

事實上，NHK的專題報導節目《人體》中也證實了，「人體的皮下脂肪和內臟脂肪並不是一大塊油脂，而是由脂肪細胞這種活細胞集結而成。」

再說脂肪除了是重要的器官之外，最近的研究也證實，**脂肪對大腦運作非常重要**。也就是說，醫學界對於器官的認知不斷在更新。

過去與脂肪對話的過程中，我發現一件事，那就是**雖然脂肪細胞經常接受「希望脂肪快點消失」這種帶著埋怨的想法，但其實脂肪對我們的愛和其他器官沒兩樣**。

另外，我也發現了脂肪會囤積的幾個原因。

舉其中兩個最具代表性的例子，首先就是關於遺傳的偏見。請各位看一下自己的家人。**如果你所有的家人，或大部分的家人都是胖的，那麼你就有可能具備**

「同一家的人就會一樣」或「大家都一樣，所以能產生一體感（安心感）」這樣的偏見。

一家人每天在同一張餐桌吃飯，有相同的飲食與習慣。如果你家的餐桌每天都出現天婦羅、炸雞、炸豬排這類油膩的食物，當然全家人都會攝取過多熱量，成為肥胖一家。不過即使你家裡吃得非常清淡，潛意識裡也可能具備先前提到的偏見。

通常人類和其他人一樣的時候，就會無意識地感到安心。除了安心感，還會產生一體感，或將這些人視為夥伴。

尤其同一家族的人因為具備相同的遺傳，更會在潛意識裡有強烈感受。

至於脂肪囤積的另一個原因，則是「為了保護我們」。

這一點也是我覺得脂肪細胞太愛我們的原因。

所謂的「保護」，除了保護體內器官不因衝擊而受傷、保護我們不怕冷，還包含了**脂肪細胞的潛意識之中「必須保護身體不受敵人（不好的東西）入侵」這樣的偏見**。

保護自己是人類的本能，所以這裡不談保護這件事是好還是壞，重點是如何保護。

如果對外界的各種敵人或不好的東西（人、環境、社會等）有過度反應，身體就會開啟自我保護機制，以確保不受攻擊。

然後脂肪細胞就會開始集結，保護我們的身體。

換句話說，**脂肪細胞就是身體的守護神**。

有段期間我也拚命地想減去身上的脂肪，但自從知道脂肪細胞的功用和想法之後，對脂肪細胞的看法有了一百八十度的轉變。

如何運用潛意識減少脂肪細胞？

就算是守護神，如果體內的脂肪細胞增長過多，還是會對健康造成影響。

要如何運用潛意識來減少脂肪細胞呢？

這裡向各位介紹微調潛意識的方法。

這個方法就是「停止體內名為防禦的戰爭」。

許多人一聽到戰爭兩個字，會聯想到大規模的戰鬥，但其實「名為防禦的戰爭」指的是肉眼看不見的能量之戰。

被害意識比較強的人會誤以為自己比較弱，所以戰爭不會發生在自己身上，但其實只是戰爭方式不同，能量被運用的方式都是一樣的。他們**只是假裝自己很弱而塑造出「敵人」，並以防禦這樣的形式持續進行戰鬥**。

你的人生，是屬於自己的。

如果只想著拚了命地保護自己、只顧著防禦，就無法活出理想中的人生。

眼前的世界（社會）是我們的內在（潛意識）創造出來的——其實不只是社會，潛意識甚至創造出這個宇宙。請大家停止消耗體內進行戰鬥的能量，因為這股能量將是為這個世界（地球）帶來和諧的最大力量。

話雖如此，還是有人戰到不可開交（笑）。

請大家記住一件事：內部戰爭持續的一天，爭執就不會從這個世界（地球）

上消失。

我們不應該將脂肪細胞視為令人厭惡的壞人。請捫心自問：「**我想保護自己不受什麼侵略？我為何而戰？**」在你找到答案之後，就停止戰爭、停止防禦，將安心、安全這種感受下載到細胞之中吧。

「**這個世界令人感到安心且安全。**」

「**我因為愛而抉擇。**」

推薦大家利用泡澡時的恍惚時刻，對脂肪細胞說這些話。持續一段時間之後，相信你的心會更穩定。

你的胃有超能力

你是否有過以下的經驗？進入某個陌生環境時，一打開門就感覺到「我來錯地方了」或是「好想馬上掉頭回家」。

以前我經常有這種感覺。進入公司會議或研討會會場等人群聚集的地方時，好幾次都想立刻關門逃離現場。

相反地，有些地方令我感覺舒適，一打開門就馬上覺得「好熟悉」或是「好溫暖」。

這些都是來自「胃」的感知。

各位的胃也會在一瞬間接收這些訊息。

一定有很多人納悶：「我的胃？」

沒錯，我們的胃具有超能力。

很多人常說的「突然有不好的預感」，就是從胃接收到的。

比起其他器官，胃非常纖細而敏感，具備可以敏銳感知能量的超能力。

不過，我卻常常為了胃的感知能力而傷透腦筋。

如果是舒適的場合，胃就會感到非常自在；但每當出席一些只想早點回家的聚會時，就會感覺胃很沉重或是胃痛。我常想，如果這種感知能力可以取得平衡，我應該會活得比較輕鬆一點……

從小我就像海綿一樣很容易接收他人的情緒，然後會突然「碰！」地一聲倒在路邊，類似這樣的慘痛經驗不斷發生。

直到有一次我直接向我的胃詢問這個能力，我想或許能從中獲得什麼提示。

結果它這樣回答我。

◆胃：「那是因為你一直想著要理解他人啊。你是不是一直站在對方的立場，想多了解他們？取得共鳴的方法錯了，所以才會消化不了。」

「原來是這樣！」

明明我內心覺得大家都不一樣也無所謂，潛意識裡卻一直認為「我必須和大家有相同的想法」。

而且我對共鳴這個詞的理解也有誤，因為我努力想理解那些想法與自己不同的人、想要接收他們的能量，但能量之多超過我所能承擔，所以胃就透過疼痛讓我知道：「這麼做不對！」

人數越多，各種不同的想法也就越多，這是理所當然的。

雖然我知道自己在人多的地方不自在，還是努力想接受他人，卻又承擔不了，然後又沒發現胃試圖藉由胃痛讓我知道這件事。所以，我馬上為潛意識偏見進行升級，接著就發現胃痛不像之前那麼嚴重了。

如果你也和我一樣，對任何事情都非常敏感，可以試著在恍惚時刻將手放在胃的位置上，透過手心的溫度將這樣的訊息傳遞給胃：

「謝謝你平日的付出。不用全盤接受也無所謂，大家都不一樣，這樣很好。」

如何撕掉某些人身上的「討厭標籤」？

前文介紹了幾種為器官升級的方法。

接下來要介紹可以對器官帶來影響的提升潛意識方法。

難度有一點高，但效果將會出乎意料！

在你的人生中，有沒有讓你覺得棘手、討厭的人呢？

相信任何人都能想出一、兩個「真的很討厭」或「實在不喜歡他」的人吧。

那是因為這樣的人已經在你的人生中被「貼上標籤」。

貼標籤的主導權在自己手上。要不要在某人身上貼標籤，都是可以自己決定的。

那麼，要怎麼將這些標籤撕下來呢？

這些讓你覺得「棘手」或「討厭」的人，或許會否定你，或許總是表現出不好的態度，讓人一想到就生氣。

但如果你只是在心裡想著「實在好討厭啊，真的好煩啊」，是無法撕掉標籤的，反而還會因此使這個人經常出現在你的人生之中。

每次講到這裡，就會有學員表示最討厭的人是爸爸或媽媽，甚至是爸媽兩人。這些人小時候不受父母肯定，父母總讓他們痛苦。

沒有人喜歡被否定。就算面對的是父母親，不喜歡的人就是不喜歡，這也是可以理解的。

但是，當這些人長大成人、離開父母後，還是會在人生的各種場景——例如學校、公司、自己建立的家庭、居住的社區之中，遇到否定自己的人。這就是處於「貼上標籤的狀態」。

即使自以為已經脫離父母的羽翼，但那些否定我們的人，身上還是一樣貼著標籤。

很多人不知道，其實我們與最討厭的人之間，隱藏著一種對我們來說至高無上的「寶物」。

而且不可思議的是，人生中能夠收到的寶物越大，我們就越無法從否定自己的人身邊逃開。

也就是說，這件寶物很容易出現在家人、伴侶及職場中。

找出自己被賦予的寶物，就是從糾纏不清的討厭鬼頭上撕去標籤的方法。

帶你找到生命指南針的「尋寶遊戲」

正因為有這些討厭鬼存在，只要能覺察自己將會獲得什麼樣的寶物，就能簡單撕去標籤。

聽起來簡直就像尋寶遊戲嘛。

站在和對方相同視角的觀點思考，只會一直看到討厭的地方，無法找出寶物到底藏在哪裡。

因此，要改變一下視角並觀察，也就是要具備拉高視角的**「俯瞰之眼＝神之眼（創世主之眼）」**。

請換上更高的視角，也就是「神之眼」，用更寬廣的心去觀察。

讀到這裡，請先停下來思考：「如果我會因為這個人對我的否定而獲得某樣寶物，那會是什麼？」

每個人的答案都不同，這裡我想告訴大家最高境界的寶物是什麼。

那就是你打從內心渴望的「人生態度」。

所謂的寶物，就是找到讓你活出自我的指南針。

人都是受到否定之後，才會知道什麼東西對自己來說最重要。

從小就處處受到父母限制的人，更能深刻體認自由的重要。

從小就看著父母每天生氣，就會更加珍惜生活中與人輕鬆交談的恬淡時光。

受到冷落的人，會告訴自己更要對其他人好。

不被愛的人，才會了解愛有多重要。

因為知道什麼樣的遭遇會讓人痛苦，因此更能看清「自己真正重視的」是什

麼。

「生命的本質」便由此而生，讓你知道自己想要什麼樣的人生、對自己來說什麼最重要。

目前我們所處的三次元世界，是一個兩極的世界。

如果只注意到令人不愉快的事，就看不見寶物。

但只要你願意睜開「神之眼」，也就是「如果真有寶物的話會是什麼」的想法，仔細觀察兩者之間的關聯，就有可能為你的人際關係帶來巨大的改變。

這個人的存在，讓你獲得了什麼樣的寶物呢？

不用想得太嚴肅，以尋寶遊戲的輕鬆心情進行即可。

在漫長的人生故事中，這個遊戲將會為當中某一頁帶來全新氣象。**過去發生過的某些事，以前你或許解讀為負面，但換個解釋方式，就會變為正面**。

就好像玩黑白棋，黑棋翻過去就變成了白棋。

「尋寶遊戲」將會為我們帶來美好人生這樣無上的禮物。

第 4 章

／

藉由「潛意識 3.0」進入期望的平行世界

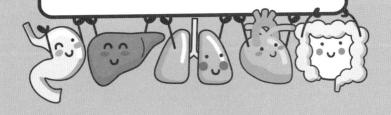

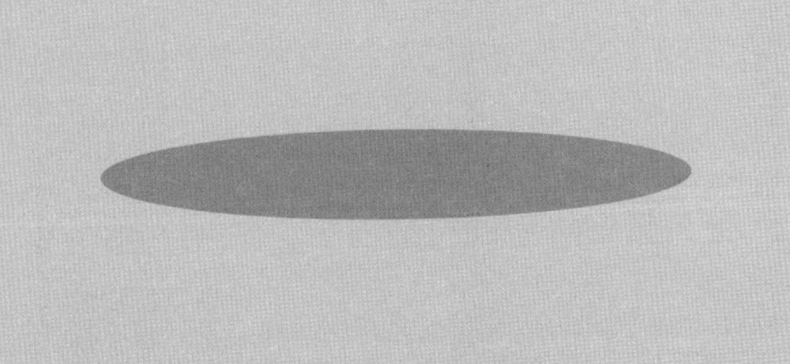

如何進入自己期望的平行世界？

各位知道平行世界嗎？

平行世界又稱平行宇宙、多重宇宙或平行時空，是一個與目前所處世界並行存在的另一個世界。

這個概念是量子力學領域裡的一種共識。

大多數人認為人生只有一次，**但如果我們在過去的某個時間點，做出不同的選擇，很有可能就會變成完全不同的人生**。

相信任何人都有過這樣的想法：「當初如果我選擇那邊，或許就會是完全不一樣的人生了。」平行世界理論認為，宇宙存在著許多不同的世界，當我們做出不同的選擇，就會在不同世界裡過著不一樣的人生。

但這樣的解釋只是在我們回顧過去時，會覺察有不一樣的平行世界存在而已，對於未來的選擇其實沒有什麼太大的意義（笑）。

因此，我要在這裡向各位介紹**「如何有意識地選擇平行時空」**。

希望大家一起學會自由選擇平行時空，進入自己期望的平行世界。

「怎麼可能有這麼好的事？」

我聽見這樣的聲音從各位的「腦」傳來（笑）。

自由選擇平行時空的祕訣，在於妥善運用「頻率（振動）的波動」。

我無法向各位保證可以無條件達成，但只要練習「解釋」及「好心情」這兩件事，就可能做到。

發生在我們世界裡的每一件事，剛開始都像是一張空白畫紙。

某件事發生的瞬間，我們就會在這張白紙塗上「解釋」這種「顏料」。

這張白紙的顏色，會因為你「解釋的方式不同」產生變化。也就是說，不同的解釋方式，會使同一件事有不同的發展。

許多人都希望過得更好，實際上卻過著庸庸碌碌、每天重複相同模式的生活。

所以這張白紙的顏色也就沒有變化。

改變顏色的方法，在於有意識地使用「解釋」和「好心情」這兩種「顏料」。

善用「乘波法」選擇想要的未來

假設你很想去某一家店。

今天剛好休假，下星期公司又要忙了，只剩今天可以去。

所以你決定擇日不如撞日，今天就去。

到了附近後，發現這家店的鐵門居然關著。

於是你抱著一絲不安走近店門口，果然看到門口貼著「今日公休」。

看到這一幕，你心裡有什麼感覺？

滿心期待到了門口卻看到店沒開，相信每個人都會大受打擊。這種反應是自然產生的，這裡就先不談。

這個時候開始，就要有意識地使用「顏料」了。

你可以馬上取出「解釋」和「好心情」嗎？

簡單的一個動作，會決定你之後可以乘上哪一個波浪。

這個波指的就是頻率（波動），也是帶領你進入平行世界的波。

未來帶領你進入各種平行世界的波，正在召喚你。

要搭上哪一個波、這個波能不能帶領你到達期待的世界，完全取決於「解釋」和「好心情」。

現在，讓我們一起練習「乘波法」。

剛才那個例子，假設有兩種不同的解釋：

・「怎麼會這樣！我怎麼忘記先查公休日？真是失算！」然後懊悔地回家去。

・「公休的話也沒辦法了。對了！反正都已經來了，去附近的店看看吧。」然後立刻採取新的行動。

這裡只舉出兩個比較方便說明的例子，實際上還有其他無數種解釋。

如果你選擇懊悔地回家，**你的波動就會呈現下降狀態，之後會吸引更多相同頻率的波**。

本來回家時間的捷運沒那麼多人的，卻不知為什麼擠得不得了，只能一路站回家；或是下車後打算在附近超市買個東西再回去，結果這家超市也公休……可能會一直發生這樣的事。

於是你心想，今天真是諸事不順。拿起手機，看到公司的未接來電，於是不好的預兆越來越強。

另一方面，雖然這家店今天公休，但你馬上轉個念頭將這件事解釋為：「或許這是有什麼好事要發生的徵兆！」**如此一來，就能吸引與好心情具備相同頻率的波**。

所以你來到別家店，突然看到前面的服飾店在打折，心情又更好了。回家的路上下了點雨，於是你決定到咖啡廳稍坐片刻再回家，剛好咖啡廳雨天有優惠，獲得一杯免費咖啡！有可能像這樣連續發生開心的事。

回到家後打開電子信箱，發現收到了新案子的委託信件，情緒達到最高峰！

也就是說，**同樣一件事，只要運用「解釋」和「好心情」，就能改變畫紙的顏色**。持續執行，我們期望的波動就會襲來。

如果你覺得生活總是不如意，常常忍不住在心裡碎念「怎麼會這樣」，那麼機會來了。

「乘波法」需要稍加練習才會熟練，不過因為做起來非常容易，就像玩遊戲一樣，請各位一定要試試。

藉由轉換感受來提升頻率

體內每一個器官都希望我們能幸福平安到下輩子，所以不用想太多，繼續往下讀就對了。

接下來，介紹一個簡單招來超高速好波的方法。

那就是改變選擇的基準。

具體來說，就是將選擇的基準從「喜歡／不喜歡」，改成「是否感覺舒服」。

或許有些讀者會問：「為什麼？喜歡不就是感覺舒服嗎？」

確實，許多勵志或心靈成長書籍裡都會提到：「選擇自己喜歡的，遠離不喜歡的事物。」

當然對某些人來說，喜歡＝感覺舒服。這樣的人很懂自己的感受，善於根據眼前的狀況調整感受。

但大多數人通常會將思考放在第一順位。

也因此，有時會對自己的感受失去信心。但這並不是沒有感受，只是還不熟練如何轉換感受。

我們都很擅長隨時轉換不同的思考，速度之快，不輸時尚模特兒的換裝速度。但轉換感受就沒這麼快了，相較之下比較像是未出道的模特兒培訓生，不過只要好好培養，就能成為獨當一面的模特兒，也就能自由轉換各種感受了。

喜歡或不喜歡，需要透過思考進行判斷，但舒服或不舒服是一種「感覺」，跟思考不同。「喜歡」並不等於「感覺舒服」。模特兒培訓生等級的人應該避免以「喜歡或不喜歡」作為選擇基準，用「是否感覺舒服」作為判斷基準會更順利。

例如有一個人很喜歡喝咖啡，某天朋友約他到一家豆子很好的咖啡廳，當然這樣的店裡可以喝到許多別處喝不到的單品咖啡。

這個人心想：「難得到以豆子為賣點的店，應該喝咖啡比較好。」這是「思考」。但同時他又想：「不過我今天想喝紅茶。」這是「感受」。

如果這時他放棄「因為我喜歡咖啡」的想法，而出於「不知道為什麼就是想喝紅茶」放棄咖啡，選擇紅茶，當下就可以獲得滿足。

這就是轉換感受的祕訣。

只靠是否感覺舒服作為判斷基準有什麼好處呢？各位不妨觀察一下身邊那些把自己擺在第一順位、過得怡然自得的人，就會知道答案了。

某次我和女性朋友一起到飯店的酒吧小酌。

朋友請酒保幫她推薦。聽完酒保的建議後，她說：「平常我都是喝紅酒，但今天沒什麼感覺，就試試你推薦的白酒好了。」

我們還點了一些配酒的小點，她也是根據當天的心情選擇。

看著她的樣子，我深深感覺到，知足的人非常清楚自己想要什麼，而且總會優先考慮是否感覺舒適和當時的心情。

當然，那天的白酒和配酒小點的美味程度都不在話下。

感受就在「當下」。現在這一刻的感受，不同於昨天的感受，這是完全沒有衝突的。

做選擇的時候，如果不以喜歡或不喜歡為基準，而是以一瞬間的感覺舒適、當下的感受、能不能有好心情為基準，就會自然而然提升你的頻率（振動）。

請各位務必參考。

整個世界都是迪士尼樂園！不知如何選擇，就試試下一個遊樂設施

我們現在正朝著未來一步一步往前走。

但這是一個三次元世界，身為人類的我們，就算選擇了自己覺得舒適的選項，還是會有沮喪、煩惱的時候。

就算是隨時散發光芒的人，總還是會有某些煩惱，當然也會有高高低低的起伏。

為了因應這樣的狀況，已經學會如何使潛意識升級的你，就可以再進階到學習如何擺脫煩惱。

首先，不要勉強自己振作，該沮喪時就盡情沮喪，這也是一個好方法。在你稍微恢復了一些之後，不妨試試以下的方法。

這個方法就是**將整個世界當作迪士尼樂園，並在一旁觀察**。

想像一下，迪士尼樂園裡有各種遊樂設施，而我們生存的地球，不就像是迪士尼樂園一樣嗎？

我們生存的這個世界，其實跟迪士尼樂園很像。

或許你會想：「飛濺山看起來好像很好玩！」實際搭過一遍之後，就會發現的確非常驚險、刺激，對吧？不甘於平淡無奇的生活、喜歡刺激的人就會帶著興奮的心情，一路放聲尖叫，享受這種驚險的感覺。

也有一些人去幽靈公館感受恐怖、驚悚的體驗。

當然也有人會走進灰姑娘城堡，感受當中的夢幻和浪漫氣氛，一邊發出「實在太美了」的讚歎聲，進行感動的體驗。

這裡有一個共同點。

那就是，**同一個時間點，你只能玩其中一項遊樂設施**。因為身體只有一個，不可能搭飛濺山，同時又出現在幽靈公館之中。

在同一個時間體驗不同的事，就是平行時空。但現在搭乘的遊樂設施，每一樣都太完美又太真實，讓人跳不出來，感覺就像看不見出口一樣。

了解這之間的運作後，你就可以**同時間搭乘不一樣的設施，也就是轉換到平行時空了**。

換句話說，當你處於漩渦之中，就會找不到解決問題的方法；但只要稍微下一點工夫轉換意識，就可以輕易脫離漩渦。

這個方法就是輕輕地將意識抽離，就好像拉長相機的焦距。聚焦在一顆豆子上，這顆豆子看起來就會很大；但如果拉長焦距，就會看見豆子旁邊的東西了。

想像一下，原本你一直想著：「哇——好恐怖！我不行了。」這時，試著將意識從飛濺山抽離，視野變大之後，你就會發現原來迪士尼樂園裡還有其他遊樂設施。

而且仔細看還會發現，其他遊樂設施也滿有意思的（笑）。

反正入園門票都已經付了，難道你不想玩玩看其他遊樂設施嗎？如果是我，我每一樣都想試試。

像這樣抽離意識，自然會讓視野變廣，並提升意識的等級。

如果剛好遇到解決不了的事情，就會彷彿看到一道曙光。

而且你也會知道**答案不只一個，還有其他不同的答案（就像有好多遊樂設施一樣）**。

這就是以俯瞰的創世主之眼看事情、以全貌判斷事物的方法。

而且用這樣的觀點看待事物之後，心情會比以往更好，頻率也會提升。平行世界是由頻率（振動數）所控制，因此可以輕易進入。

最新五次元風格！不須解決煩惱，就能一起進入平行世界

各位是否有過這樣的經驗？

你的心情很好，朋友卻為了某些煩惱陷入低潮。

這時，你應該很想陪他聊一聊吧？但又害怕無法幫忙解決問題，或是聽了對方的心事後，自己的心情也受到影響。

但請仔細回想一下，你的潛意識已經升級了，跟一個月前不一樣了。

也就是說，有人找你訴苦或商量時，即使沒有採取任何行動，也能提升對方的波動（振動），而不會受到影響，使自己的心情變差。

這個劃時代的方法讓我們從對方的煩惱之中抽離、不受影響，我稱之為「最新五次元風格」。

做法非常簡單，**只要在傾聽別人的煩惱時，維持好心情的狀態即可。**

你的大腦或許會想：「這樣真的可以解決事情嗎？」並進行嚴格的檢查。但這個方法是可以獲得大腦認同的。

一般人沒有受過專業訓練，當我們傾聽別人的煩惱時，都會被對方的波動（振動）拉著走。

這是因為潛意識裡存在著「所謂感同身受，就應該和對方有相同的情緒」的偏見。

站在對方的立場，會很希望我們聽他訴苦，但下一次見面時，他還是有一樣的煩惱，而你也會因為聽了太多的煩惱而感到疲累。

這是因為你的波動變得跟對方一樣，變得從相同高度的視角看事情。

這麼做不但無法解決問題，甚至會找不到解決問題的頭緒，使兩個人都處於低波動之中，看不見出口。

再回到剛才的迪士尼樂園。

想要從煩惱中抽離，就要先發現還有其他遊樂設施存在這件事。

不需要試圖解決問題，只要繼續維持好心情，傾聽對方說話就可以了。

這麼一來，對方會被你的波動拉著走，自然而然就能轉為俯視，以創世主之眼看事情，甚至將視線拉到可以掌握整體問題的高度。

用這樣的視角看事情，對方就能自己找到答案。例如找出新的解決方法，或是發現原來他以為的問題根本不是問題。

「我是否處於好心情的狀態？」

只要隨時留意這一點，**對方自然就能被拉到你的「狀態」，進而從問題的漩渦之中抽離**。

不須想著要幫對方解決問題，就能彼此尊重並將兩人同時帶到最好的狀態。

大家不妨多利用這個方法，將身邊的好友一起帶到舒適的平行時空之中。

入睡後能接收平行世界的訊息

接下來要進行難度更高的（笑），要一口氣進入你期望的平行時空之中。

如果我告訴你，你一直深信不疑的世界其實是一場夢，夢的世界才是真實的。你會怎麼想？

相信或不相信，是每個人的自由。

我常在講座中提到這件事。**只要將目前我們所處的世界解釋為夢境，腦內的突觸就會啪一聲破除所有限制**。

其實我從小就很習慣這種感覺，因為我將睡眠視為非常重要的工作。

一直到現在，我仍然把睡眠的重要性放在其他事情之前。因為睡眠不但能修復大腦，還有一個非常重要的功能。

我們會在睡眠的時候，不斷體驗各種平行時空並接收相關訊息。

睡著的時候，你也是一樣穿梭於不同時間與空間之中。

你是否夢見過自己飛翔於天空之中、在很多人面前說話，或是向喜歡的人告白？

在夢裡，我們可以在天空中飛翔，面對困難時游刃有餘；但一回到現實，就會害怕失敗而不敢邁步向前。

「現在這個世界其實是夢境，另外一邊才是現實。」

不論你相不相信，不妨試著切換成這樣的想法。

每個人或多或少都有想要嘗試，或是想要嘗試卻停滯不前的事情。如果現在這個世界其實是夢境，你還會放棄挑戰嗎？

每當我面臨重大的挑戰時，都會偷偷在心裡告訴自己：「反正只是一場夢而已，沒關係的。」

各位面臨挑戰時不妨也這樣告訴自己。

反正只是夢而已啊，沒關係啦！

電器故障是來自未來的訊號

我們的未來其實一直發出訊號，不斷發出各種「我在這裡喔」的訊號，希望我們覺察。

在這麼多的訊息中，我就舉一個每個人都能理解的作為例子。

那就是，**家裡的電器用品或特別珍惜的東西突然壞掉的時候**。

只要留意這一點，就不會漏掉未來傳來的訊號。

宇宙中的一切都是能量（振動）構成的。

因此，每個人家中的所有物品都是能量，也隨時處於振動的狀態。

當中又以電器用品和平日愛用而珍惜的東西最值得留意，未來最容易透過這些物品傳遞訊息。

因為這些物品每天和我們近距離相處，和我們是同步的，我們體內的能量（頻率、振動）如果有改變，這些東西和我們之間的能量就會產生落差。

能量落差越大，東西就越容易壞。

當然東西都會劣化，用久就會壞。但有些壞掉的東西明明還很新，或是根本不應該壞。

電器用品像是電視機、洗衣機，最近我特別關注的是電腦和行動電話。

至於平日愛用而珍惜的東西則因人而異，像是手表、眼鏡、和所愛的人一起使用過或同款式的東西，都會成為訊號。

或許你也曾經有過這樣的經驗。某樣東西突然故障，讓你百思不得其解，這時，不妨盡可能回想一下這件事發生在人生的哪一個環節之中。

發生這種能量落差時，就是一個訊號，告訴你可以走出過去的舒適圈，往人生的下一個階段邁進。

這涉及人際關係、職場、環境、金錢等所有領域。如果你收到了這樣的訊息，卻不知道是與哪一個領域相關，也沒有關係。

我們唯一知道的就是，是時候放下過去的做法了。

我從事目前的工作之前，有一段時間經常遇到電器用品故障。首先是電視，後來洗衣機也壞了；汽車開到一半還壞掉，好不容易停到路邊，請道路救援來幫忙把車吊走。

不可思議的是，不管是修車、修洗衣機或電視機的人，都告訴我「找不到故障原因」。

現在回想起來，不久後我的人生果然面臨很大的轉變。

本來我是想當律師的，卻轉換跑道，從此進入諮詢的世界。

當時我沒有發現這是來自未來的訊息，不知道為什麼身邊的電器用品這麼容易壞掉，還為此大傷腦筋。

憤怒、嫉妒、無力感……情緒失衡也會導致物品故障

對於筆電和電話，我也能接收到故障以外的訊息。

如果你有部落格，應該會有同感。好不容易寫好一大篇文章，還沒來得及上傳，就整篇消失不見，真的會讓人大受打擊，到了甚至想回歸宇宙的程度（笑）。

但之後回想發現，還好當初沒有上傳。**我認為這是一個訊號，告訴我現在和宇宙的節奏之間有落差。**

最近一年使用視訊的機會變多，我發現了一件很有趣的事。那就是，**居然可以透過視訊通話確認自己的振動！**

累積了許多經驗之後，我發現使用視訊通話時會發生一些特定現象。例如「自己整個身體往前探，好像外星人一樣」「聲音會重疊在一起」「只有我這邊看起來整個畫面一片漆黑」「我開的聊天室，卻只有我沒出現在畫面裡」。使用視訊通話真的是問題重重（笑）。

久了之後發現，對方慢慢也比較熟悉操作了，每次聲音或畫面出現問題，大家就會一起開心地比出大大的「打叉」手勢做暗號。

這時，我會有意識地降低自己的振動。如果還是不行，就吃一點事前準備的巧克力或含糖飲料，這樣畫面和聲音就會恢復正常。其實我還想再多實驗幾次（笑），不過已經可以確定我的振動會帶來某些影響。

這種不可思議的事情要多少有多少，讓我們先回到剛才的話題。

如果你身邊開始出現電器用品或是平日愛用的東西不該壞卻壞了的狀況，或許這就是未來給你的訊號。不覺得讓人充滿期待嗎？

要特別注意的是，除了暗示你進入全新的領域之外，在你情緒失衡時，也有可能接收到這個訊號。

這裡所說的情緒就是「憤怒、嫉妒、無力感」。

當你體內的這些情緒失衡時，有可能藉由電器用品或平日愛用的東西發生故障這樣的方式通知你。

這時請回到第二章，重新整理一下自己的情緒。

現在你的大腦問了一個很好的問題。

「有些人很容易把植物種死，也是因為這樣嗎？」

能量很強的人如果不懂得善用能量，本來就很可能把植物種死。

這樣的人一旦感到憤怒，敏感的植物就會馬上死掉。

如果你的植物常常枯萎，請盡快整理好自己的情緒喔（笑）。

許多偏見都是從祖先傳承而來

每個人的生命都是由祖先一代一代往下傳承而來。

當我們循著潛意識偏見的能量往前回溯時，會感受到**經歷過那個年代的祖先發出的生命振動**。

有些人的祖先曾經懷抱熱情，希望改變社會；有些人不惜拚上性命也要守護家人；也有些人根本不懂什麼叫作「活出自己的人生」，也是這樣走過一遭。在那個吃苦當吃補、敬畏鬼神的年代，我們的祖先局限在「男人就該這樣，女人就該那樣」的狹隘定義中，一代接一代，將棒子交到我們手上。

祖先學習各種智慧、勇敢面對挑戰，時而受挫，學習了各種寶貴的經驗。這些能量都記錄在地球之中。

祖先的智慧是一種能量，也會以偏見的方式存在我們的潛意識之中，代代流傳下來。

更有許多形成集體意識，成為屹立不搖的思想。

有些對現代生活非常有幫助，也有些已經不符合時代潮流。

不符合現代潮流的偏見變成了沉重的振動（低速旋轉），就像沉重的船錨，成為地球持續向前的阻力。

當然偏見沒有所謂好壞。想像一下祖先的時代，這些偏見在當時的生活中是必要的。

當我藉由與器官對話來提升潛意識偏見時，有時會發現**這些偏見的種子可追溯到先人。**

而這些來自先人根源的偏見，同時也被先人視為傳家寶，小心翼翼捧在手上。因為是傳家之寶，因此不能棄之不顧，必須代代相傳。

例如有些先人認為「人就是要懂得吃苦」，從中可以看出他們吃了多少苦。而吃苦之後得到的成果、成長過程的故事等，這些苦頭都是先人存在的證據，是傳家寶。

另外像是「做人就是要犧牲」的偏見，更顯示了先人犧牲自己、守護家人，對親人子女的愛、對祖國的忠誠，這些都是先人引以為傲的。

但如果我們承襲這些偏見，就變成了「自己的偏見」了。

正因為是我們自己的偏見，更應該在當今時代裡進行升級。

「犧牲就是愛」是多麼美的偏見啊，但這是犧牲後換來的有條件的愛。

愛本來應該是無條件的。

我們因為具備了神之眼（創世主之眼），因此對於愛的意識可以獲得提升。

不再需要犧牲，就能保護我們所愛的人、孩子、國家，甚至是美麗的地球。

爲不符合時代潮流的偏見進行升級

若希望每一個人都不再需要偽裝，邁向全新的世界，有一件事非做不可。

那就是去除從先人傳承而來、現在仍抱持的偏見，將不符合時代潮流的偏見升級，以免成為阻礙前進的錨。

但不論什麼時代的偏見，其實都能讓我們從中獲得珍貴的寶物。每次感受到這一點時，我總是滿懷感謝。

如果從上一代承襲而來的偏見使你覺得痛苦，不妨想想祖先當初是以什麼樣的心情，將生命之棒傳承到我們的手中。

接著為不符合時代潮流的偏見進行升級。

不符合時代潮流的偏見會使集體意識變得更為沉重。若想為集體意識帶來變化，反覆為偏見進行升級是最快、最有效的方法。

正視這股來自先人的無形力量，就能使這個世界變得更舒適、更輕盈無負擔，速度之快令人驚訝。相信先人也樂見我們打造全新的世界。

以下就是幾種最具代表性的偏見，○○裡請自行填入最符合自己的詞。

- 不犧牲不行
- 不吃苦不行

・女人就應該〇〇
・男人就應該〇〇
・家人就應該〇〇

先人的能量一直存在我們之中，接下來也會和我們共同生活。

輕輕閉上雙眼，將手放在左胸口，想像先人站在我們的面前，在恍惚時刻說出以下的話。

「謝謝先人賜給我生命。我打從心底尊重你的人生，我願將愛、光芒與感謝送到你經歷過的時代。我代表整個家族，將〇〇偏見奉還給光。謝謝先人守護著我。」

你會在想像中看到先人露出笑容，或感受到四周的氣氛變得柔和，使你的心情穩定，這時就可以結束。

去除船錨的工作已經交到你的手上。

而你也代表整個家族，接下這個棒子。

讓我們對先人心存感謝，打造一個全新的地球。

自己升級後，家人也會跟著提升

最後，我想跟各位聊聊為什麼我這麼注重潛意識的升級。

那是因為每一次升級都會從自己延伸到家人，甚至對集體意識帶來一些影響。

前文也提到，潛意識之中的偏見除了我們個人的偏見，也有一部分是承襲自家族或先人而來。曾經有學員告訴我：「我真的很討厭自己的想法跟父母一樣！」許多人跟父母很像，其實是因為雙方抱持著相同的偏見。

話雖如此，我們也不會承襲父母的所有偏見，不然所有兄弟姊妹不都是一樣的個性了嗎？

同一家的兄弟姊妹之所以有不同個性，就是因為承襲而來的偏見各有不同。

當我們將家族及先人傳承下來的偏見升級之後，從那一瞬間開始，**傳承了好幾代的數據也會因此獲得升級**。

升級產生的好處當然也會延伸到家族及先人，而且範圍之廣超乎想像，**各位可以就近觀察到家人的變化**。

這種影響範圍延伸到家族的例子很多，說也說不完，這裡為各位介紹其中一個。

之前有一位女學員來找我。我從她的器官解讀潛意識偏見，她的肩膀說：「我得繼續努力才行。」子宮說：「只要我忍下來，就會被愛。」

我和她一起為偏見升級，一陣子之後，某天她開心地說：**「我發現自己的偏見升級之後，媽媽也跟著變了。」**

我很好奇她媽媽有什麼改變。

「我媽媽突然叫我不要再努力、不要再忍耐了。明明我什麼都沒說呀，真的好神奇喔。」

過了一陣子，女學員的媽媽也來找我。我問她為什麼來找我。「因為我的女兒突然變得好開朗。剛開始我覺得這樣很詭異，有點擔心，但慢慢地我的心情似乎也跟著變得比較輕鬆，所以想來找你聊一聊。」

在諮詢的過程中，我讀到這位母親的子宮抱持著「我必須壓抑情緒」，肩膀抱持著「不能依賴別人」的偏見，所以也為她的偏見進行升級。

又過了幾天，剛好這位女學員來聽課，回家之前過來告訴我：「老師，前幾天我發現了一件事！原來我一直壓抑自己的情緒。最近我終於覺得有時候可以依賴父母就好。」

我很注重學員的個資保護，就算學員之間是親屬關係，也絕不會透露，所以女學員和母親都不會知道對方和我談過什麼。即使是透過介紹，學員之間也不會知道自己介紹的人有沒有來找我，當然我也沒有將女學員母親來找我的事告訴她。

這件事讓我感受到，潛意識偏見升級之後會對親子之間帶來如此顯而易見的改變，同時也感受到升級的威力有多大。

個人升級，整個世界也會升級

升級不但能影響家族及先人，我們的潛意識甚至跟整個巨大的集體意識有連結。

假如你為「應該忍耐」這個偏見進行升級，就會對「應該忍耐」這個集體意識產生影響。

這個影響就像水波一樣向外擴散。隨著範圍越大，忍耐這個意識就會變弱並獲得細微調整，讓許多人覺得生活過得比較輕鬆。

這麼說絕不是誇大。你的每一個升級，都在打造一個更適合生活的世界及地球。

現在請馬上為「我怎麼可能幫得上忙」這樣的偏見進行升級。

你的一個升級動作，將會為自己及身邊的人帶來幸福。

宇宙與我們之間由許多線（能量）連結在一起，雖然肉眼不可見，卻真實存在。接下來宇宙就會將這些線轉化成肉眼可見的形式，展現在我們面前。

「你看，所有人都是連結在一起的。」

我認為宇宙會給我們這樣的訊息。

不論何時，一切都是由你開始。

希望每一位讀者都能親眼看見自己的一個升級動作，會為家人、這個世界、整個地球帶來多麼大的改變與影響。

後記 眞實樣貌的你最美

現在就是人類也能回歸美麗之時。

謝謝各位讀完本書。

我可以感覺到各位的腦、喉嚨、肺、胃等所有器官，都演奏著喜悅的旋律。

當我們將潛藏於潛意識裡的偏見一一升級之後，你就能成為「真正的你」，也就是「真實樣貌的你」。

當我們看見大自然時，會覺得很美。那麼人呢？人會和大自然一樣令人感覺很美嗎？你是否覺得自己很美呢？

最近社群軟體上某張印度恆河的照片，引起了我的注意。照片中透明、清澈的河水宛如清流。看著這張照片，我知道這是人類也將回歸美麗之時。

恆河的水一直非常混濁，沒有人記得這裡的水原本散發著光芒，人也一樣。

長久以來，我們用各種偏見將自己一層一層包裹起來，蓋住原本的樣貌。

即使真實樣貌的狀態那麼美，但我們遮蔽了雙眼，不斷告訴自己這樣還不夠、還少了什麼，然後拚命要求自己配合社會或某些人的生活方式。

接觸到某人的本質所散發出來的美麗時，所有器官彷彿被吸進宇宙的空間之中，人體的輪廓也慢慢融化往下墜。我親眼目睹過好幾次這樣的畫面。

每次看到這個畫面，我都會這麼想：自然界以原本的樣貌存在，散發出美麗的光芒，而人體也一樣，原本的樣貌就是最美的。

「美麗才是本質」。無論是誰，深處都綻放著閃耀而美麗的水的光芒，只是你現在看不見罷了。美麗的英文是Beautiful，也是Be You To FULL。

所謂美麗，就是最大極限的你。

你因活出自己而美麗。**你不需要以誰為目標**。

不管是人類、自然，甚至是地球，只要一直抱持著純真的意識，就不會脫離宇宙。

感謝每一位購買、閱讀本書的讀者，和各位體內默默支持著你的器官。

謹此對萬物生靈、創造之源，獻上光、愛與感謝。

國家圖書館出版品預行編目資料

與身體對話，就是與神對話／藤堂博美 著；龔婉如 譯.
-- 初版. -- 臺北市：方智出版社股份有限公司，2021.09
240 面；14.8×20.8公分. --（方智好讀；143）
譯自：潛在意識3.0
ISBN 978-986-175-626-4（平裝）
1.潛意識

176.9 110011714

Eurasian Publishing Group
圓神出版事業機構
用心與你對話．網野無限寬廣
方智出版社 Fine Press

www.booklife.com.tw reader@mail.eurasian.com.tw

方智好讀 143

與身體對話，就是與神對話

作　　者／藤堂博美
譯　　者／龔婉如
發 行 人／簡志忠
出 版 者／方智出版社股份有限公司
地　　址／臺北市南京東路四段50號6樓之1
電　　話／（02）2579-6600．2579-8800．2570-3939
傳　　真／（02）2579-0338．2577-3220．2570-3636
總 編 輯／陳秋月
副總編輯／賴良珠
主　　編／黃淑雲
責任編輯／溫芳蘭
校　　對／黃淑雲．溫芳蘭
美術編輯／蔡惠如
行銷企畫／陳禹伶．王莉莉
印務統籌／劉鳳剛．高榮祥
監　　印／高榮祥
排　　版／陳采淇
經 銷 商／叩應股份有限公司
郵撥帳號／18707239
法律顧問／圓神出版事業機構法律顧問　蕭雄淋律師
印　　刷／祥峰印刷廠
2021年9月 初版　　2024年4月　10刷

SENZAI ISHIKI 3.0
By Hiromi Todo

定價300元　　ISBN 978-986-175-626-4　